Stakeholders
in 2047

香港未來
說明書

第
──
02
冊

──「Stakeholders in 2047：香港未來說明書」團隊　編

「香港未來說明書」簡介

2019年的香港充滿傷痛，任何關心香港的持份者都急於為香港尋求出路。以百萬計的市民在持續近半年的示威活動中歸納出「五大訴求」，但當中對未來的想像卻有濃淡之分，不宜化約。香港政府在今秋多次提出希望以真誠對話修補撕裂，惟亦未令本港恢復平靜。我們的城市陷入了歷史上罕見的難題，衝突與對立日益嚴峻，實非任何愛護香港的持份者所樂見。在長遠來說，無論秉持任何價值觀，或希望香港在未來將往何方邁進，掌握事實與坦誠地相互理解永遠是高度文明城市解決問題的基礎前設。

作為香港社會的一員，學者（或更廣義的公共知識人）理應為本港付出更多。「Stakeholders in 2047：香港未來說明書」由一群香港學者組成，沒有領袖與「大台」，單純地希望以學術訓練的客觀與專業操守，呈現香港未來主人翁對本港未來的想法。在2019年十月開始，過百位來自不同政治光譜、崗位、年齡層的香港學者所組成的義務團隊將分階段訪問了在2047年尚未超過65歲的香港市民，以期了解年輕市民對三十年後他們生活的香港有何想像。在「無前設、能暢所欲言」的機制下，「Stakeholders in 2047：香港未來說明書」的義務學者會分別訪問一位與他們相互信任的年輕朋友，讓2047香港的持份者在分享中道出對我城過去、當下以至未來之所想，集思廣益，匯聚成具建設性的前瞻思考。

過百位接受不同學科訓練的學者朋友以不同形式參與同一訪問計劃，在組織、方法學、書寫及發布形式等層面都有不同的想像。為了讓義工學者發揮自身的所長，也讓各種學科專業的特性得以發揮，「Stakeholders in 2047：香港未來說明書」團隊祇針對研究倫理、受訪者私隱及探討的大致範圍規範參與者的訪問方式。是以，讀者們請不要將接下來會讀到的訪問成果視之為一份嚴謹的學術研究，或在閱讀過程中推敲團隊在收集資料與編輯過程中希望引出何種結論與發現。我們每一位參與的義工學者都以平等的身分參與，編輯

團隊在整理過程中，除明顯錯別字或出版格式以外，盡可能保留不更動文字與表述形式。即使在訪問報告中有未能確認的資料，我們亦不會更動考訂。

「Stakeholders in 2047：香港未來說明書」希望爲讀者帶來的是一份2019年的香港學者與香港未來主人翁眞實的對話紀錄，義工學者根據與受訪的談論結果而書寫的訪問報告，反映了他們對當下困局的理解，亦包含了對未來的祈願。有關成果，在2019年聖誕節起逐步出版，供當下不同的持份者作思索香港未來之用，也作爲我們送給香港人的一份聖誕禮物。

「目次

四方想法　忘記要細聽的聲音

　　2019年，香港過了一個不一樣的暑假，並將會迎接一個不一樣的聖誕。自6月起，一次又一次的集會，由銅鑼灣、灣仔、金鐘到遍地開花；由和平遊行到無數的衝突畫面；由幾句口號到「香港國歌」的誕生；由如流水般亦聚亦散到觸目驚心的保衛大學校園的陣地戰。2019年注定是香港歷史上一個重要的年分。記得長輩的一句很觸動我的話，他說：「要好好感受思考現在的一切。贏了，我們就是歷史的見證者。輸了，我們就是野史的傳頌人。」

　　在風雨飄搖大是大非的年代，香港的年青見證者有何感受？有何盼望？

***

　　「過去三個多月，很不方便。外出前都要查好哪裡有示威集會，求自保，不希望遇上麻煩。」

　　「每一個只能留在家的週末，我都覺得是浪費時間。」

　　「說話也要好小心。每次離開家門，我就要警惕自己不要提及某些話題。」

這麼慎言是因為你遭遇過衝突嗎？

「沒有，只是自己感受到氣氛不對。我也知道自己的想法跟很多其他的同學不一樣，所以我選擇不將自己的意見和觀察說出來。」

有感到委屈嗎？

「是有一點委屈。我覺得出來抗爭的人都將他們的想法凌駕在其他人的想法上。」

你知道抗爭的人想爭取什麼嗎？五大訴求，你知道嗎？

她顯得有點支吾以對，「算是知道罷。」

那麼你可以在這會面裡分享你真實的想法嗎？

「我是愛國的。」好像帶著某種決心。「中華人民共和國成立七十周年，但真正發展始於毛澤東時代後期才開始，至今才五十年。相對歐洲工業革命到今日已一百八十年，中國發展的日子還是很短，有今日的成就已經很不錯了。」她頓一頓，說：「我不希望其他人看低，甚至誣衊中國。」

說說你愛中國什麼？

「……」她側側頭似若有所思。

社會經濟發展，人民生活安定？

「差不多是這樣。」

愛國和愛黨一樣嗎？

「就是因為現在共產黨的領導，中國才可以發展進步得這麼快。」

夠好了嗎？

「當然未夠，每個國家都有可以再進步的地方。」

那你認自己在未來日子可以怎樣令中國再進一步？

「我還年輕，我未有能力幫助什麼，未來我也不知道。」

三十年後，你是怎樣的？

「大概就是有一份工作，跟普通人一樣。」

有想像過身居要職，做很重要的人物嗎？

她笑了一下：「沒有。不用很高級，簡簡單單的生活就好。」

會有家庭有孩子嗎？

「我沒有太相信婚姻，也未有計劃要孩子。」

你對2049年的香港，有什麼願望？

「我希望每個人的聲音都能夠被聽見，意見都能被尊重，是一個開放自由的地方。」

怎樣可以在這三十年裡做到？

「教育。教育很重要。」

「我是否跟其他人很不同？」

完結前她問了我這個問題。

孩子，與眾不同是壞事嗎？全世界一式一樣才可怕。但你必須知道自己相

信的是什麼，為什麼相信。憑良心按自己所信的大大方方地做自己就夠好了。

***

「我試過在街上被人查身分證和搜身，搜身的是個男警。也許是我的衣著，我的年紀，或是我的性別，莫須有地被截查，勁恐怖囉。之後有一次我見到警察就掉頭走，我穿裙穿高跟鞋跑得比警察快。」

她自豪地笑了，但只是曇花一現。

「七二一元朗和八三一太子是我這幾個月以來最痛的記憶。」

「好失望。我不明白為什麼政府可以腐敗至此。我曾經好嬲，很不忿氣。但慢慢的只剩下失望。」

孩子，暫時失望還可以，千萬不要絕望，路還很長，難保前面不遠就柳暗花明。

「其實香港有很多中學都比較保守，校長和老師們都不接受學生參與這場社會運動。我認識幾個比我年輕幾歲的學生都因為這場運動，承受很大的壓力。其中一個中學生只是在自己的社交平台發表了一些相片就被校方要求公開道歉。」

「我不明白為什麼學校和制度需要這樣壓迫學生。學校是社會的縮影，校園裡面應該是多元的，學生就是要學習怎樣跟不同的人相處。學校竟然從上而下的製造一言堂，真是莫名其妙。」

「學生在學校是學習順從嗎？學生在學校不是要學會思考和表達自己嗎？如果目標是要調教出綿羊，就算沒有這個運動，香港的未來都注定是死路一條。」

你害怕攬炒嗎？

「現在已經是攬炒進行式，避無可避，害怕也無補於事。攬炒完能重生當

然好，若果沒有然後，也是沒有奈何。」

三十年後，香港會怎麼樣？

「我希望將來的年青人都不再受壓抑，可以有自由有選擇，社會更多元更和諧。」

三十年後，你是怎樣的？

「太遙遠了。我大概打份工，做我本科相關的工作。」

會有家庭有孩子嗎？

「我都無拍拖！」忽然激動，羞紅了臉，好可愛，這就是青春的氣息嘛。

「成家立室不是我要計劃就有的。」

是的，但時機到，緣分到，一切都會變得順理成章。今年6月以前，又有誰可以預料這麼多人會走在一起將整場運動推到今日這光景？

*　　*　　*

「這六個月以來，我是非常失望。為何這個曾經制度完善、亞洲首屈一指的國際城市會淪落到現在的程度。」

「例如政府可以不守法規啦，例如明目張膽地官黑勾結啦。雖然政府本來就不是什麼清白之身，但現在連拿塊遮醜布都嫌煩，不顧形象地壞事做盡，簡直匪夷所思。非常失望。」

這個情況下，你有什麼改變？

「不開心是必然的，但生活上和行為上無特別改變。」

「無力感好重，覺得個人的能力好小，只知道這個政府不再值得支持，但

我不知道可以做什麼。我覺得我不能夠改變個環境。」

「我希望香港會是個有公義的社會，每個人做事都有後果才可以互相約束。現在政府做事不公不義，又沒有後果。」

你害怕攬炒嗎？

「我其實不害怕攬炒，與其問害不害怕呀，不如問應不應該發生呢？」

「當政府不是為人民的好處著想和服務，但人民又無選票無權力去說不，那就只有攬炒一路。好像有人推你到懸崖邊，而你又無法反抗，你就只能奮力攬住那脅迫者一齊跳。」

好有電影感，但也許這是事實。

三十年後，你會怎麼樣？

「我覺得香港攬炒後沒法再重生的機會大一點。是很灰的。但如果全香港回到一個窮風流的平衡反而不是壞事。掃街都夠供樓也不錯。」

「到時我大概會打份工，簡簡單單，安安樂樂。」

你想香港三十年後會怎麼樣？

「我希望香港可以更多元，有更多選擇。我在想像如果香港可以同時有漁村農業、工廠服務業、商貿金融，應該幾好玩。只要政府願意，政策配合，是有機會可以的。」

***

「這次運動所帶來的生活不便，我很理解。沒有忿怒，也沒有埋怨，我很理解。」

「我跟朋友用了整整一年去籌備一個我們都很期待的活動，因為這場運動我們唯有取消。你能想像嗎？是整整一年的籌備！我們有想過延期的，但延到

什麼時候？下一年會否回歸平靜我也不知道。」稍稍激動過後，他說：「沒有辦法，我們很理解。」

整個對話都帶點抽離感。

「我沒有冷漠，我有在思考。」

過去三個月，你有什麼感覺？

「這場運動初期，我是樂觀的，百萬人的和平集會和遊行，我們是有希望帶來改變的。但慢慢整件事走歪了。激烈的抗爭，反而令很多人失去希望。或者我們可以像甘地一樣和平地抗爭。暴力會帶來更多暴力。其實不需要破壞，抗爭有好多形式。」

「應該針對制度嘛。我們要打擊崩壞的制度，不是破壞社區設施。這是馬克思說的。是哪個天才想到用水淹地鐵站。但我是明白的，抗爭者希望增加管治成本嘛。」

竟然是馬克思。

「死了好多人，自殺和被自殺的都有。我信有人被自殺。」

「有時香港人太天真。一場革命幾百死傷根本是家常便飯。我們準備好未？未。那談什麼革命？」

那我們的終局會是什麼？你害怕攬炒嗎？

「也許我家算是小康，即使攬炒也對我影響不大。但攬炒又如何？能改變什麼？若真的攬炒，我看不到香港可以怎樣翻身。」

「其實現在所謂的抗爭，所作的一切破壞和騷亂，都不能令他們得到他們想要的東西。我相信選舉。只有具代表性的選舉才可以合法地、有效地改變社會。與其抗爭，不如公投！」

提到選舉，怎樣看政府DQ議員？[1]

這一問，我終於看到他的火。

「好嬲，真的好嬲。差點再留學在外，不想回來。」這一點點的激動一瞬即逝。

「但我還是回來了。」

三十年後，你是怎樣的？香港會怎麼樣？

「我依然是普普通通的，大概打份工，沒有想過有多影響力，在自己的專業範疇做好自己就好。」

「而以後的世界，改善民生很重要，衣食足已經可以解決好多問題。自由平等民主但貧窮又如何，世界不會更好。未來三十年是要發展科技，基因改造食物和新一代能源等都是穩定世界的工具。放下成見，善用科技，以民為本才是正道。」

是很理想的狀態，希望三十年後香港如你所願，透過選舉令民意被尊重，人人安居樂業，無需再憂柴憂米。這些看似是基本但不是必然的狀態，還是要大家努力才能享有，加油。

＊＊＊

「你不覺得示威者被誤導嗎？」其中一個同學問我。

在某些政治解讀上，也許。那又如何？示威者當然沒有百分百正確，現實中誰又可保證自己不會行差踏錯？尤其這是一個牽涉到人數以萬計但無大台的反政府示威。總有些人、有些時候、有些行為、有些決定走偏了，被情緒影響左右了，或對形勢錯判了。但且看看過去幾個月間，示威者的行動力、想像

---

[1] DQ為取消資格「disqualify」的縮寫，泛指2016年香港立法會宣誓風波，當時政府以宣誓過程有不當行為作理由，褫奪了六名當選的民主派成員的立法會議員資格。

力、組織力和創意，爲信念站出來的勇氣和堅持，青澀但到位的國際連線。他們還有很多年月和機會去實踐他們的信念，當力量愈來愈到位，他們將會可以做到何其壯觀的改變。況且，警察濫暴濫捕和政府的語言僞術，就在我們身邊發生，那光影聲音氣味和觸感，都是示威者的第一身經歷，這是三言兩語可以抹黑或洗白的嗎？身心靈的痛楚能靠煽情或誤導複製出來嗎？

在我和年青人的對話中，不論出身如何，對事件有何看法，大家的願景出奇地一致：希望不同的聲音都被聽見。讓「我勢弱言輕，決不虛作無聲」一句因今次運動而誕生的歌詞，變得更深刻。我們或者眞的聽得太少。尤其那些本來是公僕，卻高高在上自命不凡的公權力使用者，你們看得見，聽得到嗎？

我在香港長大，受殖民地教育，成績中上，沒有很努力，足夠年年升班。18歲以前世界上的一切都好簡單。考A-Level是我十八年來最大的困擾，結果又給我順利「碌」進大學，畢業後有一份相對穩定的工作。18至28歲這十年間，我的煩惱是單戀錯愛和寂寞，就此而已。然後那十年，我結婚生孩子，供樓，上班。縱對政府不滿，對政策不滿，諷刺兩句，暗罵幾聲，又照樣生活。日積月累，慢慢變成溫水裡的青蛙也不自知，還自欺：「是熱了一點，還可以接受。」大概人生到了某個階段，牽絆愈來愈多，就會漸漸不介意隨波逐流。餓不死，生活過得去，其他都忍耐。當水慢慢加溫，有些青蛙死了，有些愈發安靜，有些想要奮力離開，有些語帶責難：「你們把水搞濁了。不要再跳，沒有人能挑戰那加柴燒水的人。」但那是設法自救的青蛙的錯嗎？

作爲兩個孩子的母親，我時常掛嘴邊：「喳，我說一遍兩遍你都沒有聽進去，第三次我才大聲，要我大聲跟你說道理嗎？」現在反過來，年青人要大聲說話了，我們會聽嗎？感謝不認命的青蛙，你們很吵很大聲，也把水搞濁了，但因爲這樣，我看見希望。

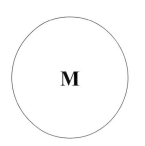

抗爭融入生活
——一場無退讓空間的運動[*]

*由編輯團隊摘錄自篇章

M（化名）十分支持此運動，由6月9日開始積極參與各類的支援工作，包括網上捐款、物資運送／傳遞、貼連儂牆、分享網上示威資訊、網上支持示威者、簽署網上聯署、罷工、遊行集會、組人鏈、拍攝記錄、和支持黃絲商店。

在運動開始的首三個月，她已經很積極地在網上宣傳和召集一些認識或不認識的朋友一起參與這個運動、轉載一些網上資訊。她大約參與了十次的遊行集會，另外也有用自己的假期參與罷工。有一次她未能夠參與遊行，覺得內疚，於是以網上捐款形式支持。至於物資運送／傳遞或貼連儂牆，主要是在6月參與遊行時候自發性的行動，事前並沒有計劃。在網上，當她看到一些非常不合理的消息時，會寫上留言，支持示威者。儘管這些行動只是精神上的支持，但仍然有可能影響或改變一些身邊的人的看法，例如她的藍絲親戚朋友等。她補充說，她的藍絲親戚朋友都只收看「無綫電視」，她分享的資料或多或少也會擴闊他們的視野。間中她也會拍攝運動紀錄片放上自己個人的Instagram。近期，她開始把抗爭行動融入生活中，經濟上支持黃絲商店，抵制藍絲的組織例如美心集團。

如何看待運動的起因與延續

M認為，運動的觸發點是政府不理會民意硬推「送中條例」，事實上很多市民對政府已有很多不滿，特別是有關民生政策的議題，例如：貧窮問題、全民退保等。M認為政府只懂得派錢，根本不是真正幫助市民改善生活。另外，三權分立其實是名存實亡，在今次事件上反映出行政長官主導一切（例如《禁蒙面法》），警察濫權，不同部門處理事情時完全不合理（例如教育局對學校發出的指引、醫管局否認藍色水有害市民的身體健康），香港市民已完全對政府失去信心。

M覺得，其實回歸之後初期，香港人的自由或公義已經不斷被剝削，不過當時政府是用比較軟性的手法處理事情，這次運動反映出中共的勢力已經完全滲透香港，香港的一國兩制五十年不變其實已經是名存實亡。香港人對於政府已經完全失去信心和感到失望。香港人的自由和人權方面不斷被剝削，香港人已經沒有集會和言論自由。

M憶述最深刻的經歷，是在6月9號與幾位同事在中信大廈參與罷工，警察在毫無預先警告下不斷地放催淚彈，當時很多人都沒有逃生地方，只能逃入中信大廈，但警察仍然不斷放催淚彈，他們完全沒有顧及市民的安全。之後的新聞也顯示警察只聽命上頭的指示（例如叫市民做yellow object），M認為警察已經採用了不必要的武力去驅散示威者，而這場運動亦慢慢由「送中條例」轉移到警察濫捕、權力過大等問題。中信大廈事件令她對警察有很多負面情緒，她亦開始認為香港是一個非常不安全的地方，考慮移民。

另外，她最深刻的是不同形式的性暴力，譬如中大學生除下口罩去表白自己被侵犯的經驗，令她非常震撼、心痛。她害怕參與此運動時走得太前，怕做「衝衝子」。另外，由於大多數的衝突都是在星期六或星期日發生，在星期一她會看短片了解事情，但出現太多警察與市民衝突和暴力鏡頭，都會影響她情緒和工作狀態，所以近幾個月，她開始減少看短片，改為閱讀文字，這種改變減少了她對這場運動的參與和投入。

M不清楚這場運動會延續多久，現時是一種膠著的狀態，兩者都沒有讓步的空間。雖然《逃犯條例》已經撤回，但政府似乎不打算積極回應市民其他的訴求，例如成立獨立調查委員會；市民方面，主要是想利用外國勢力制裁香港官員或警察，外國勢力介入可能是一種力量來延續整場運動，但實際情況和效果仍是未知之數。另外一個可能性是，她看到網上討論區「連登」上的討論數目減少——在推行《禁蒙面法》初期，還會有很多人很積極地去戴口罩，但現在戴口罩的人數好像逐漸地減少——所以她覺得這場運動有可能在一年後因為支持人數逐漸減少而消失。

成長與展望

　　就她自己而言，M認為這場運動對她最大的影響是，她以前很少關心新聞或留意政治，現在不但更加關心和留意香港的情況，反思香港是一個怎樣的地方、香港的經濟地位與整個國際環境的關係，亦會多看國際上所發生的事情。她的轉變影響了身邊的人，例如她的男朋友以前是不會去投票的，但現在會積極參與。另外，她在消費的選擇上亦會比以前更有意識地去選一些商舖。另外，這場運動聯繫了很多香港人，香港人的政治意識和政治觸覺亦有所提升，增加了思考政治與個人關係的機會。香港人明白很多事情的發生並非如表面般簡單，會用不同的角度和層次分析事情，這是培養批判思考的機會。另外，這場運動讓香港政府知道，香港人的質素，就是香港人是會堅持下去，不會輕易放棄。

　　她最想達到的短期目標，是成立一個獨立調查委員會，調查警力濫權的問題和情況。至於特首林鄭月娥是否下台，她認為因為林鄭只是中共的一個傀儡，所以林鄭下台與否對中共勢力滲入香港沒有正面影響。雖然普選是她最希望達到的目的，但她認為普選的可能性很低。

　　基本上她認為這場運動根本是沒有退讓和談判的空間。她的底線是攬炒，

即是說香港人其實可以犧牲到最極端而去獲得他們想要的結果，因為個人的自由、安全、法治已經完全失去。在這一刻，她想不到有什麼方法可以修補社會上的撕裂。在她眼中，從6月開始，香港人一直經歷著集體創傷，政府的態度是火上加油，態度強硬，沒有回應香港人的訴求，因此社會上的撕裂情況已經是十分嚴重，沒有可以挽救的機會。

問及她對這次事件的定性，她認為這是一場「運動」：運動和革命是有計劃的行動，參與者有不同程度的付出；整體社會人士對革命的投入和付出比運動為大，以今次運動為例，大部分人只會在星期六或日參與有關活動，但參與革命是每天每時每刻，有更強烈的投入。暴動是未經計劃、情緒主導的一種行動，例如社會人士想透過暴動以達至推翻政府的目的。

對香港未來的想像

M表示，香港的核心價值是人權、自由、三權分立的精神。保留的方法應該從建制方面入手，例如：地區選舉、改變立法會中建制派和泛民人數的比例、普選。但她認為要達至普選的可能性不大。

她認為日後可以以經濟方式進行社會運動，即打擊一些財團勢力，尤其是紅色／藍色的經濟圈。她明白有可能因此而重創香港的經濟地位，但並不會影響年青一代，因為他們從來沒有受惠於現時的經濟環境。雖然香港是一個富裕的地方，但大部分的人都是工作的奴隸，根本未能在香港安居樂業。另外一種社會運動的形式是繼續提升市民的公民意識，例如推行政治政策或選舉諮詢會等。

她對香港的前景持悲觀的態度，雖然現在距離2047年還有二十多年，但香港已經是一國一制，中共之前是以較溫和的手法控制香港，但今次的運動顯示手法比較強硬。經過今次運動之後，香港的國際地位會大大被搖動，投資者對香港失去信心，慢慢會撤走資金。另一方面，香港會再次出現另一次的移民

潮，經濟條件佳或專業人士會離開香港。有一些人因為沒有條件移民而留在香港。而可以移民但選擇留在香港的人則是因為經濟原因；她相信有少部分有信念的人，甚至是經濟條件好的人會留在香港繼續抗爭，但他們的聲音會愈來愈少。

阿禾

香港還有法治嗎？

—— 一個年輕人的疑問

前言

　　相信在一年前，要選出在中國國土最能體現法治精神的地區，香港一定當之無愧，毫無懸念。踏入2020年，人們還會這樣想嗎？而在香港土生土長的年輕人阿禾（化名）對此又是怎樣想的呢？

「2019」——多事之秋

　　對部分香港人來說，2019年是動盪不安和充滿傷痛的一年，而對阿禾來說更是她心目中的香港核心價值轟然坍塌的時刻。她的香港核心價值是什麼？在我們數個小時對談中，她多次提及法治精神，而在香港自6月始的「反修例運動」延續至今的持續抗爭，法治精神備受衝擊。誰應負上責任？阿禾有自己的一些看法。

阿禾來自中產家庭，家教極嚴，家中從來不看電視，只有一中一西兩份報章，是每日必讀的功課。她覺得香港的公民教育是成功的，從小學時期認識了常識科介紹的政府架構，到中學時期她參與了《基本法》常識盃比賽和辯論比賽，因而對《基本法》有較多認識。透過這些了解，她深覺香港是一個有制度有法治的地方，讓她引以為傲。進大學後她在主修科以外選讀了由資深大律師主講有關政制的學科，進一步加深她對法治精神的理解。畢業後阿禾加入教育行列，更加入了公民教育組。在她的信念中，《基本法》是香港繁榮發展的基石，值得推廣。也因如此，當政府企圖把「送中條例」法案送交立法會通過時，她也因法案不符《基本法》精神而支持反修例運動。

阿禾說她和大部分反修例人士不一樣，早在3、4月期間，她從報章得悉保安局在未正式諮詢公眾下提出修訂《逃犯條例》，已察覺問題所在，密切注視事態的發展，和朋友分享資訊以引起他們關注，所以在反修例的立場上她可說是走得較前的。不過在行動方面，在家庭的限制下她的參與則比較間接。爸爸立場深藍，多次警告家人不可參與任何示威遊行活動，更多次採取具體行動去阻止他們參與。阿禾不願意因為大家看法不同而破壞家庭的融洽關係，所以並沒有參加過任何公眾活動。但她秉持反修例的立場，和意見相投的朋友分享網上的有關資訊。此外，阿禾雖非輔導組成員，但由於和學生關係比較親近，也主動擔負起對學生的心理輔導，希望撫慰在這場運動中受傷的心靈。她強調這承擔無關政見，無論是因家人是警察而備受排斥的，還是因堅持抗爭而和父母產生衝突的，她都一視同仁，勸解他們多和身邊人溝通，通過互相體諒去解決問題。不過隨著運動的曠日持久，雙方立場愈來愈對立，問題愈來愈難解決，阿禾漸感無力，僅餘的只有聆聽和同情，還有的是深深的無奈！

始料不及的亂局

　　反修例運動帶來的衝擊和動亂，其持續時間之長及涉入其中人士階層之廣，相信是政府和絕大多數香港人都始料未及的。對阿禾來說，運動的起始只是一場捍衛法治的和平請願活動！她認為修訂《逃犯條例》在本質上違反了《基本法》，港人反對有理有據，而自由表達是港人的基本權利，所以行動是合理合法的。問題出在當權者的回應行動上。政府在6月9日百萬人遊行表達反對後漠視民意，企圖以快刀斬亂麻的方式在立法會二讀，打的如意算盤是立法會中建制派是大多數，定會為政府保駕護航。此舉無疑是火上加油，不但在6月12日招來大批反對者在金鐘堵路示威，更激發了6月16日的二百萬人上街。阿禾認為政府在使用「制度暴力」，令市民更感不平，從而引發更多人投入抗爭。面對抗議行動，政府不但沒有聆聽和尊重市民，反而採取高壓手段震懾。示威者也迅速以武力回應。從6月12日施放第一枚催淚彈開始，雙方行動均愈趨暴力。事件發展了大半年，至今仍未平息。

　　阿禾覺得在這次事件中，雙方的暴力都是不可容忍的，暴力更不是解決問題的方法。但假如政府肯聆聽市民的意見，不採取拖字訣，拿出誠意解決問題，在事態惡化前對症下藥，或許香港已經恢復平靜了。她認為每個制度都不是完美的，即使在民主社會也一樣。而在自由民主的社會，市民在發現問題時反映意見，政府就有責任去回應他們的訴求。香港在《基本法》的保障下，是被容許「港人治港，高度自治」的民主自由社會。在阿禾的認知裡，基本法承諾了香港五十年不變，香港人的權利就不應被剝奪。但這次事件讓阿禾驚覺香港的政治生態在悄悄變化，一場「溫水煮青蛙」的戲碼差點就完美上映，只是廚師廚藝不濟，用火太猛壞了事。這大半年，香港的制度好像在突然中起了變化，以問責制為例，官員辦事不力須問責下台，向市民交代，例如財政司司長梁錦松偷步買車事件和保安局局長葉劉淑儀「二十三條」立法事件，兩位官員都因而去職。但這制度現在似已蕩然無存，香港發展到今日的局面，竟無一個官員為事件負責，鞠躬下台，實在是令人意難平，其原因更令人深思。

香港的「傷」和「殤」

　　一場和平表達訴求的運動演變爲大規模的流血衝突，期間發生了許多令大眾刻骨銘心的事，當中有人受傷，有人被捕，有人失蹤，甚至有人死亡。而對阿禾來說，這些事件雖然震撼，卻遠不及她一位學生的現身說法對她的思想感情帶來的衝擊大。這也許是因爲她和學生關係比較親近，感覺更爲眞切吧。她是這位男同學三年高中的班主任，算是看著他成長。在9月至10月期間，男同學回校探望阿禾，談到時局，情緒激動，坦言自己是「勇武」，多次在前線和警察正面衝突，挨了無數警棍，吃了不少催淚煙，但他表示絕不退縮，警察使用暴力，他們也暴力還回去。阿禾目睹他傷痕累累，很是心痛，也覺得太危險，於是極力勸阻，希望他不要再參與。她認同要堅持公義，但極不贊成激進和暴力，認爲這不是解決問題的好方法。同學對她的意見嗤之以鼻，更毫不在意地告訴她家人都是「和理非」，也不贊成他做「勇武」，他卻認爲面對強權高壓政府，做「和理非」只講道理是一點兒用處都沒有的。政府最後撤回惡法也是他們一群「勇武」用血汗性命「打」回來。審視目前形勢，同學的說法也似乎難以駁斥，阿禾只好無言以對。同學強烈表示，爲了公平公義，即使受傷或死亡也在所不惜。阿禾卻感到事情很可怕！她覺得由和平遊行請願表達意見演變成警民的暴力衝突，運動到此已經變質。香港社會情況如此嚴峻，其中掌權者固然要負上大部分責任，但破壞法治的行爲仍然不可容忍。她同情選擇武力對抗的同學，但絕對不能認同暴力破壞的行爲。但當她被同學問及如何應付警察使用過分武力的問題時，阿禾也覺得警察的確是濫權，卻想不出如何遏止問題惡化下去。爲此她深感苦惱，她不贊成暴力，卻不知道可以怎樣做才能打破目前的困局，無力和無助感油然而生，這使她萌生了逃離現實的念頭。

　　對於運動會在什麼時候平息，阿禾的看法比較悲觀。她覺得這是一場永無休止的對抗。雙方出現矛盾時是需要大家拿出誠意去討論協調的。但事情發展到今時今日，橫亘在兩者之間的是無數的暴力流血和憎恨，雙方已是各走一端。當權者看來不會讓步，而抗爭者目前雖有區議會的勝利，也推行了「黃色

經濟圈」的經濟策略，更著眼於即將來臨的立法會選舉，但只是多了一點兒的喘息空間，做什麼也似乎改變不了當權者的立場，要任何一方妥協也是不可能的。她苦笑說運動可能會持續到2046年，到了2047年便什麼也不用做了！

阿禾覺得目前香港人最介意的是警暴問題，成立獨立調查委員會是刻不容緩的，還給香港人一個公道的交代才是解開香港人心結最有效的方法。香港社會最重要的是法治，政府施政必須公平公正，官員執行職務需要問責，所以現政府必須下台才可平息民憤。對於有人說要解散警隊，阿禾認為是很不理性的。前線警員負責執行命令，歸根究底政府才是決策者，個別警員濫暴當然要追究，但因而要解散整個警隊是不切實際的。此外，她雖然認為雙普選（全面普選立法會及行政長官）是徹底落實《基本法》承諾的必要進程，但面對目前的政治鴻溝，這是不可能即時解決的問題。她覺得要落實「五大訴求，缺一不可」是「不可能的任務」。這數個月來纏繞香港人的是一種對無法無天統治的不平感，她強調解開香港人這個心結是當務之急，成立獨立調查委員會和政府問責下台就是對症下的藥。

但即使如此，她對政府仍然不敢寄以厚望。一場運動發展至今是香港人的噩夢。修訂條例草案已經徹底撤回，但衍生的問題太多。「潘朵拉的盒子」已然打開，政府明顯表現出強硬的態度，為求達成目的已是不擇手段，警暴也許就是在政府默許下出現的，所以無論多少人吶喊高呼要加以制裁，政府卻是充耳不聞。面對如此不對等的武力，香港人如何自保？阿禾到此深感政治的黑暗，對香港的所謂法治第一次產生了疑問，民主自由已是變得遙不可及，國際間的干預更是遠水難救近火，而且我們不能也不應期望國際干預太多。今時今日，她對香港法治已是不存幻想。她反對暴力，更不想其他人做「勇武」，因為她覺得這是無謂的犧牲，因為這改變不了現狀。但怎樣才可回復亂局前的法治社會？她只感到一片茫然。

這場運動引發許多暴力流血事件，不少人尤其是年輕人在肉體上遍體鱗傷，甚至負上終生不可磨滅的疾患。但傷害遠不止此！肉體上的傷害或許只局限於部分人，但更嚴重的是普遍人的心靈受創，近日港大的一項追蹤性研究顯

示受訪者疑患抑鬱症的比率由2014年的5.3%增加至9.1%，可見港人情緒受創嚴重，精神健康狀況堪憂。再從宏觀角度去看，香港的經濟環境惡化，年輕的一代因修例風波而凋零，而潛在的最大隱憂是許多人對香港感到絕望和死心，香港的未來發展一片晦暗，這才是香港最大的「殤」！

社會撕裂修補可期嗎

　　阿禾對香港社會從來未見過的嚴重撕裂感到驚心。她感受到市民對政府的不信任已達前所未有的高度，政府期望僅憑公關手段，給市民一些甜頭去修補關係顯然是不可行的。只要看看近日政府宣佈寬減稅項、派發現金津貼、下調長者乘車優惠年齡至60歲等等措施後出現的平淡反應，便可見一斑。阿禾認為要修復市民對政府的信任，當權者必須拿出誠意，實事求是，第一步是成立獨立調查委員會還市民公道；然後回歸《基本法》，實現對香港人的承諾。但連香港各界人士大聲疾呼了好幾個月的獨立調查委員會也成立無期，其他的可能發生嗎？假如「一國兩制」只容許在經濟金融上體現，在政治上不可觸碰，港人的訴求和當權者的管治模式只會是南轅北轍，裂痕無從修補。上述的社會復和方案無疑是癡人說夢。阿禾痛心地表示，目前的香港，嚴重的社會撕裂——政府和市民之間的，還有市民和市民之間的已經出現，更一發不可收拾，香港人已經沒有回頭路。

　　這次社會事件帶來了流血、傷痛、恐懼和動亂，其中牽涉了許多阿禾並不樂見的暴力，但她從未覺得這是暴動，因為據她的理解和判斷，參與者的目的是要求政府尊重《基本法》，是想通過和平的手段去表達意見，而非刻意襲擊傷人，破壞他人財物或意圖推翻社會秩序。期間出現的流血和暴力並非主觀願望。她也從未覺得這是革命，大部分香港人都沒有想過要推翻政權，他們只是想維持香港人現存的民主和自由，想保有《基本法》賦予他們的權利，如此而已。

大半年的運動為香港帶來了許多改變。以前香港人少談政治，只努力打拼改善生活。不過阿禾覺得香港是在西方自由民主的土壤中成長的，港人骨子裡都認同這些核心價值。今次事件喚醒了香港人，認識到政府的本質和他們珍視的價值之間的矛盾，更認識到他們自己若不站出來表達意見，人權、民主、自由這些核心價值將會很快在香港湮滅。曾幾何時，香港每個人都可以有自己的想法和生活方式，只要不觸犯法例和不妨礙他人，便會得到尊重，所以香港人是和而不同的。但現在黃藍陣營壁壘分明，導致家庭成員之間出現爭拗，朋友之間也因意見不合而鬧翻。阿禾感到現在的香港人包括她在內，都比以前不快樂。以她自己為例，她在香港土生土長，一直以來都覺得香港法治制度健全，是理想的家園。但自6月以來，警隊的各種不守法行為令人震驚，政府卻絲毫不加約束，使她難以接受。而最痛苦的是她爸爸堅決認為就是她這種爭取什麼民權自由的人擾亂了香港的生活秩序。在多次的爭論中一向溫文爾雅，對她總是愛護有加的爸爸竟然惡言相向，氣急敗壞下聲言她若不改好就不要再見他。阿禾雖明白爸爸只是一時氣憤，但她在感受上來說也是前所未有的震撼難過。她以前從未想過移民，但現在對政府的極度失望促使她認真考慮這個可能性。這也算是她對政府投下不信任的一票吧。

香港的未來

　　香港是一個獨特的城市，居民有九成以上是中國人，卻因開埠以來長期受殖民政府統治，深受西方價值觀薰陶，在九七回歸以前已孕育出自由民主的氛圍，普遍崇尚法治精神，講究人權平等。那麼，回歸後這些核心價值還在嗎？阿禾告訴我至少在她接受教育的時期是存在的。從小到大的公民教育都強調《基本法》保障了香港人的自由、人權、民主，她對此深信不疑，也深信只要按《基本法》的本子辦事，香港是可以五十年不變的。但局勢演變至今，其他的不說，她對法治已是存疑。例如有人破壞公物是觸犯了法律，被拘捕起訴是

遵守法治精神，但一日未罪成仍不應被當作罪犯看待。可是現在不少示威人士在被捕後遭受不公平的對待，例如遲遲不讓律師與之接觸，甚或遭受粗暴對待和辱罵等等，都是不按法律辦事，是侵害法制、知法犯法的行為。她感到極度困擾，更難以想像發展下去香港會變成怎樣。香港人的自由也愈來愈收緊。明明香港人擁有集會和遊行的自由，卻要申請不反對通知書，凡此種種，讓阿禾覺得香港人珍視的核心價值已難保留維持，更遑論發展了。

阿禾先前也曾提到她覺得這場運動是沒完沒了的。香港在金融經濟方面的特殊國際地位會為落實《基本法》帶來微小的發展空間，讓投入抗爭者有喘息的機會。她覺得至少在現屆政府撤換前，目前的局勢不會有太大的變化：「勇武」繼續上前線，政府仍利用警隊鎮壓，而她這個「和理非」仍然會用和平的方式去支持運動。阿禾指出「不割席，不篤灰，兄弟爬山，各自努力」的理念讓她找到了自己覺得舒服安全的位置，繼續參與這場運動。但一貫主張和平非暴力的她仍然希望其他參與的人放棄暴力，因為犧牲已經夠多，再暴力下去不但沒有回報，更會造成阻力。而和運動剛開始時相比，她在仍然支持運動之餘多了考慮，努力尋找後路。近日她積極在網上搜尋有關移民外地的資料，也開始探聽父母的口風。可惜爸爸仍是不改初衷，認為這是多餘之舉，著實令阿禾苦惱。

阿禾認為香港在中國經濟發展上有其存在價值和優勢，其國際地位在目前仍然未有其他地方可以取代，所以她估計在短期之內香港還是會在表面維持現狀吧。但最終香港會往何處去實在存在太多變數，前景很不明朗，而她的看法傾向負面。阿禾覺得以目前的形勢分析，香港原有的法制已形同虛設，官員瀆職不被問責，法治不被尊重，試問香港即使有多少先天的優越形勢，又能支撐多久，又會在何時被耗盡呢？因此，就算阿禾的父母在移民的念頭上不斷給她潑冷水，她仍堅持己見。她默默地搜尋資料，對目標地的移民條件多作了解，然後努力裝備自己去配合，增加成功的機會。她知道自己目前的條件並不成熟，只盼望香港的現況可以維持得久一點，為她爭取多些時間。她堅決表示一定要在2046年之前移居到其他地方。至於香港將來會怎樣發展？她覺得情況實

在非她能力所能控制，她只感到無力和無可奈何，更不想再談下去。至此兩人一片沈默，心中黯然！

後話

　　阿禾叮囑我給她化名「禾」，我明白她的用意。她本來是一個樂觀開朗、和平理性、尊重法治的好公民。反對修例，她覺得理所當然，就是不明白為什麼會被剝奪這權利。以暴力的方式去爭取固然不是好方法，但以不符法制的暴力去鎮壓又合理嗎？近大半年來發生的事，完全顛覆了她對香港的信念。她最後雖然仍肯定這場運動，但已悄悄選擇了且戰且走，準備做逃兵。她似乎已經不想在香港的未來參與太多。這個「和理非」的「和」字變成了「禾」，是有口難言的意思吧？相信大家都能理解，都能體諒這種心態，畢竟你我都是香港人！

阿Q 一位無悔的勇武抗爭者

　　阿Q（化名）[1]是大學畢業生，愛讀哲學書籍，不喜歡閱讀太多文字，所以從導讀課本領會哲學思想。他熱愛球類和文化工作，最近打算以文化創作為未來事業，希望可以透過作品發揮影響力。

　　他的政治啟蒙始於高中時期，主要受到老師和同學的影響。中學老師在課堂上播放六四紀錄片，令他感到震撼，政權竟可向手無寸鐵的學生開槍。當他與大陸親戚傾談時，他們曾聽聞其事，但對內容卻不甚了了，這對阿Q帶來另一番體會：在政權操控下，人民對於同一段歷史可以有不同的記憶。

　　上大學那一年，正好是雨傘運動（下稱傘運），阿Q的勇武經歷由此展開，從思想勇武邁向行動勇武。在反送中運動，阿Q也以勇武者的身分參與。

---

[1]　阿Q與另一位朋友於2020年1月17日接受筆者與另一位學者訪談。

傘運過後的創傷

筆者：你何時參與雨傘運動？

Q：記得傘運啟動當晚，我與同系的大學同學在現場，看到黃之鋒在台上，突然之間很激動地說：「我們一齊衝入公民廣場！」身邊的朋友對這行動有遲疑，並打算離開現場。我雖然想響應，但因為略有遲疑，準備攀爬圍欄進入廣場時，便已被保安攔阻，結果我進不了廣場。之後，我不想再有羈絆阻礙我的行動，沒有再跟其他人一起去。當戴耀庭宣佈「佔領中環正式啟動」那一天，我也參與了設路障。

筆者：你曾經在佔領區過夜嗎？

Q：有呀。我印象中不是每天去，而是逗留幾天，又返回家中幾天。隨著時間的過去，愈來愈多的帳幕設置在佔領區內，形成了雨傘村。我當時不想見到這景象，對此感到非常反感，覺得運動的形式不應該是這樣的。直至傘運結束，我再沒有到過佔領區了。自此以後，直至反送中前，我都沒有留意什麼新聞時事。

筆者：你如何理解自己這種傘運過後的狀態？

Q：在傘運結束後初期，每當身邊同學分享他們在傘運期間的軼事，我心裡總感到不安。我會跟他們說：「不要再提傘運了，我不想回憶這件事。」我不單止有意識地迴避談論傘運，也拒絕留意新聞時事，以及參與遊行活動。當時的我應該是不能面對傘運的失敗。

現在回望傘運，相比起反送中，雖然那是「小兒科」，但對我的影響很深。9月28日，我在現場親身經歷了警方第一次發射的催淚彈，我感到非常震驚，醫療隊幫我清洗眼睛後，我在路旁休息，並且哭了起來。總的來說，整個傘運對我的打擊很大，雨傘佔領了這麼長的一段時間，是香港從未發生過的，怎料最後的結果是什麼也爭取不到，我難以接受這失敗。

裝備自己伺機而動

筆者：傘運後，你雖然沒有參與行動，但有否整理思緒或者在政治論述層面作出更多思考？

Q：有思考的。傘運後一段時間，我在各方面裝備自己，等待時機發揮所長。我鍛鍊身體，保持身體健康；擴闊人際關係，建立人脈資源；閱讀更多書籍，增加知識。我比較少看政治書，也不是理論派。我對Foucault（福柯）的政治論述，略知一二，我尤其喜愛Foucault關於「微政治」的概念，即生活層面上的政治，例如與女朋友、與家人的關係。我當時比較忙於處理這種身邊的微政治。

筆者：對宏觀政治比較少留意？

Q：對，正如我剛才所說，我是有意識地不關注政治，這可以說是受傷過後的自我防護機制。我不參與，便不會受傷害了。

復出參與反送中運動

筆者：有什麼事情觸發你參與反送中？

Q：5月之前，我還不知道「送中條例」是什麼一回事。5月中，我去了歐洲旅行，從社交媒體留意到愈來愈多人談及「送中條例」，但我沒有特意去了解。6月9日，我仍然在外地，知道很多人上街遊行，包括身邊大部分朋友。這時我才查看消息和討論，嘩，如果「送中條例」通過，對我們會有很大影響。網上不斷呼籲6月12日行動，我決定復出，提早於11號乘飛機返港，翌日便參與金鐘的行動。

筆者：你跟傘運的朋友一起參與6月12日的行動？

Q：不是，我想起我的「波友」（一起打球的朋友），他們是我的中學同學，他們從來不關心政治的，但參與了6月9日的遊行，所以我便相約他們同行。

筆者：你與這班初次參與運動的朋友，在6月12日做了些什麼？

Q：我們四、五個人一齊出去，後來大家失散了。我與其中一位朋友一直在一起，我們沒有什麼裝備，只有N95口罩與保鮮紙。適逢在金鐘的天橋附近，有位三十多歲的男士教導「滅煙」（指將未爆開的催淚彈弄熄），我們學懂了，便忙於滅煙。我也有設路障，這是在傘運時學的。

筆者：你當天的滅煙工作何時結束呢？

Q：每當警方投擲催淚彈，我與其他示威者便會去「冚熄」（滅煙工作），然後後退，我們又再上前與警方對陣，如此這般，我們與警方「拉鋸」了一段時間，之後「速龍」（指警察機動部隊的特別戰術小隊）出現，追捕示威者，我們被迫走上天橋。當時我的位置與「速龍」非常接近，「速龍」在我後面，中間只隔著一位手足，我覺得已經無路可逃了，唯有跳橋逃生。我逃離現場後，在附近游走，主要是平復心情，再沒有什麼行動。事實上，當天我沒有想到警察會拘捕人，或者打人。

突破傘運舊路

筆者：你會否形容自己在傘運時已經是勇武？

Q：在傘運後期，我的感覺是和理非的路是行不通的。我設過路障，但沒有攻過龍和道，也沒有參與其他任何攻擊性行動，因此當時的我只能算得上是一個思想上的勇武。

筆者：在反送中運動的經歷中，你有哪些深刻的記憶？

Q：自6月12日至7月1日之前，大家差不多每次遊行之後都慣例聚集在政府總部，但卻沒有什麼行動。我擔心反送中會走回傘運的舊路，佔領之後就拖拖拉拉，然後無疾而終。因此我希望反送中的行動可以升級，跟傘運不一樣。

　　7月1日，我到達立法會時，見到示威者嘗試撞破玻璃門，我沒有想太

多，只是覺得這種破壞是我認同的。於是我加入幫手，從下午到晚上，我們不停的撞一會、休息一會，行動的時間很長，輪替的人不多，我覺得已耗盡了力氣，唯有退出。直至晚上十一時許，在裡應外合下，那道玻璃門被撞破了，我便跟大伙兒衝入立法會內。

進入立法會的一刻，我感到既振奮又恐懼。不久，我收到訊息，說警方在立法會外正部署行動。我定性自己為一名「武夫」，哪裡有衝突，便會到哪裡去。因此我在立法會只逗留了一會兒便離開，跟幾個朋友一起到附近觀察形勢，但等了良久，警方仍未有行動，我們唯有離開。

對於7月1日的有意識破壞、衝入立法會，我覺得行動是正確的。這打破了傘運的行動模式，可說是反送中運動的轉捩點。

筆者：你有否考慮行動是犯法的，而且後果嚴重？

Q：我決定行動時，主要考慮是否會被捕，並不是合法抑或違法。其實我當時沒有深思熟慮，只是覺得立法會外有很多人支持，便不會被捕。

小隊的行動

筆者：7月1日之後怎樣？

Q：我們一班「波友」尚未有成立小隊的意識，直至其中一位朋友協助組織了一班「金主」，為我們籌錢、提供物資、安排物流等，我們覺得有了支援，得到所需的裝備，便可以計劃自己的行動，小隊的意識也逐漸形成。

筆者：小隊的行動是怎樣的？

Q：我們初期的工作主要是滅煙。7月21日，元朗白衣人無差別打人那天，我們在上環佔領天橋，以「掟磚」發動攻擊，但其後「差佬」（警察）在更高位置不停投擲催淚彈，結果天橋失守，我們便離開了。接著的日子，我們不再打「陣地戰」，不再架路障了，而是轉做「裝修」（泛指破壞商店、建築物），例如破壞地鐵站。

筆者：小隊在行動前，例如破壞地鐵站，有沒有事先計劃與討論後果？

Q：我們會有大概的計劃，例如逃生路線，但不算周詳。破壞程度、時間等都
視乎實際環境而定。其實，大家會討論風險的，也明白破壞地鐵站的後果
很嚴重。我不知道其他成員怎樣想，但我個人始終心存僥倖，覺得自己不
會被捕的。

　　元朗白衣人打人事件，也令小隊的警覺性提高。我們之前視差佬為敵
人，但原來任何人都可能會打人、傷人，這改變了小隊對別人的信任。我
們不單止要防範差佬，還要小心街上其他人，例如我們以前在街上說話不
會存有戒心，但現在會改用暗號對話。

筆者：你們小隊跟球隊一樣，講求集體、團結嗎？

Q：我們的小隊如同一隊球隊，但戰術只是一個概括，排陣也不太嚴謹，容許
每個球員都有發揮空間，不會硬性規定每個成員都要十全十美地執行所定
下的戰術。小隊的運作如是，若果成員不認同有關行動，可以決定不出
席；若在現場不願意參與某些行動，可以先行離開；又或者覺得當日的行
動已經足夠，可以旁觀不參與。對於成員的不同決定，我們都不會責備，
也不會因此把他踢出局，這是大家的共識。事實上，小隊每次出動並非所
有成員全體參與，行動中有成員缺席才是常態。

勇武的動力

筆者：有什麼力量推動你成為勇武？

Q：憤怒是推動我前行的動力，憤怒的來源是多方面的。首先，很多生活小節
上都反映了政府做事「低能」，以致累積民怨。例如，我經常要到公立醫
院看眼科，但電腦熒幕所顯示的輪候數字很細小，對於滴了放瞳水的眼科
病人或者其他老人家，根本難以看得清楚。又例如，市民長年累月飽受紅
磡海底隧道塞車之苦，政府一直沒有解決方法。大陸自由行旅客太多，拖

著行李箱擠滿街道，使香港市民感到諸多不便。其次，政府漠視民意，即使是撤回條例，也是一拖再拖。其三是我目睹的警暴，6月12日，我逃離現場時，隱約見到在我後面的一位女生逃脫不了，被「速龍」用警棍狂毆。

筆者：破壞地鐵站的行動是怎樣的？

Q：噢，是隨意、胡亂地破壞，一定要迫自己「發癲」（瘋狂），才可以推自己作出嚴重的破壞行為。現在回望，都覺得自己有點精神分裂，譬如你平時經過某個地鐵站，前一晚，你仿似野獸般大肆破壞；翌日，你又若無其事、如常地經過那裡。

筆者：你的行動有沒有道德考慮呢？

Q：我個人沒有太多道德框架。可能我曾經讀過尼采，覺得道德、規矩都是被建構出來的，並非是先驗的、永恆的真理。

筆者：地鐵是普羅大眾的交通工具，破壞地鐵跟運動針對政權有什麼關係？

Q：我覺得行動未必每次都是針對政權，我想是要癱瘓社會的正常運作，我記得當時破壞地鐵是希望罷工能夠發生，因為在一個如此瘋狂的社會環境下，大家怎可以若無其事地如常生活？大家豈可置身事外！

筆者：除了「裝修」，小隊的行動有沒有升級？

Q：做過「私了」。有一次遊行，小隊成員發現有人在拍照，問那人是誰、為何要拍照？那人支吾以對，突然轉身逃跑。我當時的想法是，若他不是心裡有鬼，為何要逃跑？我們成功追截那人，把他按在牆上，大伙兒將他打了一頓。

筆者：之前的行動都是破壞物件，「私了」的對象卻是人。

Q：我不知道當時是否做了正確的決定，因為我始終不知道他是什麼人、拍照的動機是什麼，他可能只是一個傻瓜在拍照，但我卻打了他。不過，這是唯一一次的「私了」。

筆者：你們在行動過後，有沒有調節機制檢討這種行動應否繼續？

Q：我們不會討論應該與否。我沒有再參與「私了」，但如果再做，我會想清想楚、謹慎一點，才決定行事。

筆者：對於其他「私了」事件如鎅警察頸、火燒阿伯、清潔工被磚「掟」死，你有什麼看法？

Q：我不太了解事件的來龍去脈。

筆者：你是否刻意不想了解清楚事件，以免減低自己的怒火？

Q：絕對是。我覺得是有意識不跟進這些事件的。

運動成果

筆者：你在這場運場裡參與過、付出過，覺得得到成果嗎？

Q：成果是很多的，撤回條例是其中之一。在生活小節上，大陸旅客減少了，香港街道沒有那麼擠迫，我逛街舒服了很多。另一成果便是建構了community，可以叫做「命運共同體」吧，大家現時一齊面對同一個關乎自身利益的處境，就是中共正不斷影響我們的生活。

此外，我也感受到與金主的互助與連結，他們對運動、小隊、以至個人，提供全方位的幫助。以我為例，他們透過自己的人脈網絡，為我尋找發展機會。我腳傷了那段時間，行動不便，他們會駕車接載我出入，幫我物色醫生，並資助醫藥費。從波友變成小隊也是運動成果，大家出生入死過，關係較以前緊密。

筆者：金主知道你們所做的事情麼？會否勸告你們？

Q：我們對金主是非常信任的，會主動講述行動、告訴他們我們的需要，他們會盡力協助，但不會提出任何意見，或者計劃。

筆者：還有什麼運動成果嗎？

Q：社會對於抗爭的接受程度提高了，例如，對示威者打爛玻璃的譴責聲音比過去減少很多，這是有利長遠抗爭的因素。同時，大家對政府普遍不信任，現時無論政府提出什麼，大家都會思考背後是否隱藏「殺機」。大家抱著這種質疑的思考模式，持續不息的挑戰政權，這正是我追求的目標。

此外，有關香港前途在網上的討論愈來愈多，例如現時「城邦論」[2]的討論，較反送中前更多、更廣泛。

運動前景難測

筆者：你對運動前景有什麼看法？

Q：經歷了這次運動後，我覺得事情的發生是沒法預測的。我曾經估計事情應是如此，但現實每每出乎意料，把我們殺個措手不及。現時社會事件的發生已非由單一原因或者某些核心因素所引致，而是很多原因交織一起，即是有很多因素在相互影響，不停產生化學作用，所以結果難以預料。

筆者：你預期自己及香港人的抗爭之心會持續下去嗎？

Q：我認為會的，不相信就此完結。傘運後，我曾經覺得什麼也沒有爭取到，但原來這想法是錯的，因為過了幾年，反送中運動便出現，所以眼下運動似乎完結，但過了一些時間，一些突發事件便會觸發另一場運動。

筆者：你認為這場運動有和解的可能嗎？

Q：和解與否不是原則問題，而是利益和目標的考慮。假若政府提出解散警隊，那麼我們要付出什麼來作交換呢？我要衡量過利害之後，才可以考慮和解是否可以接受。

筆者：假設政府提出解散警隊，小隊會否停戰呢？

Q：可以暫停。我不抗拒和解，從目前的社會局面來看，也算是和解了，如果政府願意付出更多，那是有利而無害。

筆者：爭取五大訴求是你行動的目標嗎？

Q：我曾經問自己，究竟要達致什麼目標，才會停止行動？我的答案不是五大

2　指香港學者陳雲於2011年出版的《香港城邦論》，當中主張香港應採取中港區隔的措施，捍衛本土利益。

訴求，而是雙普選與解散警隊、懲治警暴，這兩個是我持續行動的目標。爭取五大訴求的重要性在於凝聚群眾，其實不同訴求有不同政治光譜的人的支持，例如大家每次上街，都會以五大訴求為共同爭取的目標；我父親屬「淺藍」，也支持成立獨立調查委員會。

轉化為長期抗爭

筆者：9月分，你的腳受傷了，會如何參與運動？

Q：我一方面慶幸自己因腳傷退出了行動，以致沒有被警察拘捕。另一方面，我為無法與戰友出生入死而感到難過，他們承擔了我的行動與後果。我仍然是小隊的一分子，主要是協助小隊尋找資源。

筆者：除了小隊外，你有沒有其他長期參與的工作？

Q：有的，我很喜歡文化工作，我有個小夢想，希望多些人認識和認同我的作品。當要發聲的時候，我便可以發揮影響力。

筆者：運動經過了七個多月，你的憤怒和思維有什麼變化嗎？

Q：我承認對於警暴新聞，已經開始習慣了，甚至麻木了，加上身心疲累，令我的憤怒減少。現時我覺得要做長期抗爭，運動初期，我曾憧憬「贏了之後，煲底相見」[3]，後來我在想怎樣才算是「贏」？答案可能是沒有所謂贏，因為即使香港實行雙普選，社會便會變得十全十美嗎？不可能呀。台灣已經有民主制度，但仍存在不少問題。

　　社會發展的道路是漫長的，我短期內無法參與行動，所以準備長期抗戰，就如同在雨傘之後，好好裝備自己，等待下一次機會。

---

[3] 「煲底」指立法會綜合大樓地下示威區，「煲底相見」或稱「煲底之約」，是示威者之間流行的術語，指哪天運動成功後，所有示威者相約在「煲底」脫下面罩相認及慶祝。

筆者：在行動上，你贊成勇武繼續升級嗎？

Q：我不會建議。因為我覺得運動的大勢已去。以前有很多人一齊做激烈的行動，才可以減低風險。但現時勇武人數愈來愈少，而且警方很容易追查到勇武的行蹤。差佬有很多線眼，掌握了很多資料，甚至有名單，因此我認為現時做激烈行動的風險很大。

無怨無悔的勇武抗爭者

筆者：你覺得自己在這七個月的運動中有沒有犧牲了什麼？

Q：我沒有不想做的行動，也沒有在不情願的情況下參與行動，加上沒有這場運動，我很難說在這段期間會活得更好。因此我不算犧牲了什麼！

筆者：回顧當時的勇武行動，除了憤怒外，你仍然覺得瘋狂的情緒是推動力嗎？

Q：回望之前的激進行動，我沒有後悔過，也不覺得不應該這樣做。衝動是一份推動力，如果沒有那份衝動，凡事想得清清楚楚，我是沒有可能行到這一步！我甚至會說我選擇利用這份衝動去達成我的目標。

筆者：有人這樣說：「要明白手足破壞物件的洩憤行為，必須先理解他們在運動中的經歷，以及掀起這場運動的源頭。」你如何評價這種說法？

Q：我覺得這個說法是合理的，因為面對目前的社會環境，只能用激進的行動，才可以處理我的憤怒。

筆者：如果有人說暴力會減弱市民對社運的支持，這會否影響你的行動？

Q：我的洩憤行動不是無的放矢，是為了達致目標。如果行動不獲民意的支持，我必須評估民意對我爭取目標有多大影響。

筆者：你在選擇某種激烈行動時，除了要抒洩情緒外，有否計算效用與風險？

Q：自己的能力和較低被捕風險都是我選擇行動的主要因素。譬如在一些大日子，打地鐵是比較容易全身而退，又或者簡單地噴寫交通工具與地鐵站，這些快閃行動都是很低風險的。

筆者對勇武的反思

　　這是一次很難得的訪談，阿Q這位前線勇武雖然與我們素未謀面，但對我們存有高度信任，願意分享他的經歷、行動細節、見解和內心感受。今次訪談確實讓我們對勇武有更多的理解。勇武穿上黑衣、戴上「豬嘴」（防毒面罩）或口罩、沒有名字、沒有面貌，沒有賺得名與利，最多也只是獲得「義士」的稱號，他們為何選擇走上勇武的路？在現場或熒幕上，我們見到黑衣人「掟」磚，破壞店舖、地鐵站，我們感到可惜、傷心，因為這畢竟是多輩人所努力建設的成果。我們也會質疑，大肆破壞便能夠達致目標嗎？

　　要回答第一個問題，坊間的說法是他們是「廢青」或是「毒男」，無所事事，所以成為勇武也不用付出什麼代價。阿Q的故事否定了這說法，他是大學畢業生，有自己的專業。筆者也相信阿Q不是個別例子，反而是不少勇武的寫照。阿Q是有意識地成為勇武，而推動力來自憤怒與衝動，他的憤怒源自生活細節、政府對民意的漠視、以及對警暴的體驗。換一個角度，這些個人的經驗莫不與社會制度或政策相關，例如醫療、政治與警政制度等。正如阿Q所言，在目前的社會環境下，他只能用激烈的行動，發洩他的憤怒。譬如一個地方的自殺率很高，我們不會簡單歸咎於這是個人的情緒問題，而是會問為什麼這個社會令人選擇結束生命？同理，香港社會的發展究竟出現了什麼問題，令年青人參與激烈的行動？

　　阿Q行動前，都會大概估量自己的能力、逃走路線與被捕風險。但不容諱言，一份衝動、激情令阿Q甘於冒著不能預知的風險，義無反顧的行動，但這不等如他的行動沒有底線，阿Q雖然沒有明言，但筆者從他的談話中，還是可以見到一條線。對於自己曾參與的「私了」事件，他是有所保留的，更重要的是，他認為民意是影響他決定行動的因素，換言之，他在某個程度上願意接受市民監察，因而調整他的行動。筆者並非全盤否定激進行動，但政治學者所提出政治倫理學上對使用暴力的規限，其中一些原則，例如目的、必要性、武力對等比例等，是值得我們思考的。

至於第二條問題，暴力能否達致目標？中大民調的結果提供了客觀的答案，和勇同行的支持度有上升的趨勢。[4]運動模式的轉向，也是實踐中的驗證結果，三十年來和理非行動沒有得到成效，年青一代還要如常生活，繼續等下去嗎？幸好他們堅決說不。九七前出生的阿Q在傘運期間，已覺得和理非行動不是一條出路，事實證明由遊行進化至公民抗命，傘運也以失敗告終。年青一代如阿Q雖然感到挫敗，但沒有放棄，反之透過鍛鍊身體、增加知識裝備自己，在反送中運動復出。對勇武來說，更重要的是，傘運所播下的勇武種子沒有隨運動結束而被埋葬，在反送中運動開花，勇武路線獲得更多市民的認同。

　　在過去幾個月的反送中運動，我們經常聽到年青人喊著這是最後一戰，這是一種戰鬥決心、全力以赴的展示，意思絕非是運動失敗，便無以為繼。正如阿Q所說，傘運後的空窗期是自我提升的時機，反送中也如是，即使現階段大勢已去，但會裝備自己，也努力在工作崗位做得更好，以備在隨時將至的另一場運動中，發揮影響力。

　　社會普遍接受和勇不割，在現階段並不認同以暴力作為單一的手段，以達致反送中運動的目標，包括五大訴求。不過，抗爭者也明白面對專橫的政權、非民主的制度，和理非的單一手段根本不可能守護一國兩制，更無法成功爭取雙普選。因此，和勇方向看來是不會逆轉，但正如阿Q所言，很多個人與社會元素在相互影響，另一場運動將會如何發生，還是難以預測。但有一點比較肯定的是，年青人的抗爭之心不息，改革聲音高唱入雲，社會必須從「招財進寶」的繁榮安定階段邁向「招財進寶」的反轉字：民主自由。

---

[4]　根據明報委託中文大學進行的民意調查，6月中，82.9%的被訪者同意或非常同意「在香港參與抗議活動，一定要堅持和平非暴力原則。」8月份，比例下降至71.6%；9月份，比例再跌至69.4%。此外，在9月份的調查中，55.7%的被訪者同意或非常同意「當大型和平示威都未能令政府回應時，示威者有激烈行動是可以理解的。」不同意的有26.9%。

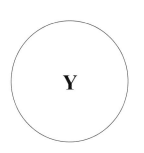

香港，是否將成為明日傳說中的亞特蘭提斯？*

*由編輯團隊摘錄自篇章

訪問前，筆者先確認了Y（化名）對事情的背景內容有一定認知，Y能夠說出五大訴求是什麼。Y會被即時追問詳細內容。Y在知道會被訪問前所私下分享的內容，和這份訪問報告是一致的。訪問會間中加入質問，以確定被訪者的回應是合理的。筆者作為學者在訪談中的觀點，放在學者回應部分之內。

受訪者的立場及參與程度

Y是支持「五大訴求，缺一不可」以及相關的運動的，「即使投汽油彈也支持」。他多次參與遊行，民陣、非民陣申請的都有參加，平日和週末的比例相約，通常在中後期氣溫較清涼時才開始加入。他也會在示威現場四處捕捉拍義士相片的人，甚至曾在示威間間以傘陣擋彈。在他的智能手提電話中，展示了一段一手拍攝的、市民激昂訓誡警員的片段。

Y也有參與張貼文宣的工作，「早期未用噴膠水時，是以膠紙黏合A3大小的文宣，站在椅子上，貼在橫樑上。」在網上，他通過whatsapp和日本的

twitter帳戶發放文宣，也會按讚Facebook的文宣，曾簽了四十多個網上聯署。他的文宣以五大訴求為主，另外有支持外國訂立「香港民主法案」和調查警察的文宣。他也會分享黃色經濟圈的資訊，包括光時網購平台[1]；同時杯葛罷買藍店，他在用光吉野家的積分後，便罷買其產品。他也有參與罷工，已罷工多天，間中上班以維持基本生活費，「《逃犯條例》通過後，惡果嚴重，而工作什麼時候都可以，故此不工作也要參與運動。」

他曾捐款予國難五金[2]，其後因找不到信任的大台捐款而作罷。他也曾在旺角送了手套、生理鹽水，也試過自己取了別人所給的頭盔後轉贈其他示威者，以及買食物送給尖沙咀大遊行後留守的示威者。他曾在11月2日陣地戰之中的人鏈傳送過油炸鬼、粥和外套，在8月29日和8月30日傳送過便當。在光復所住地區時，Y曾戴上口罩搬動小巴站作路障；11月12日中文大學一戰晚上，他曾在大學參與物資製作；在理大反包圍之戰中，他在大學外會合其他義士一同向理大推進，在中途吃了不少催淚彈，最後因戰力不足而以失敗告終。

6月9日是他第一次參與遊行。Y表示，「以『行政長官同意』作為送中條件之一，很有問題，令行政長官權力過大，而且送港人到極權而司法落後的地區，會令港人的生命和人生自由受威脅。」到「送中條例」撤回後，他仍然繼續參與運動，「要向死去的同路人有所代，不能接受他們白白犧牲。」Y如此表示，「示威也使得各種問題浮現，如警暴和警察濫權都需要跟進。」「區議會沒有實權，就算選戰贏了，也無法改變政制。」

對Y而言，在參與運動的過程中，最深刻的莫過於發生在眼前一幕一幕的攻守戰，還有每天都有浮屍、有人被自殺等惡行。他憶述中大圍城戰之夜，在吐露港前有一百多輛「豬籠車」（警方的大型運輸車），水警突入中大，運來多個「速龍」，一開始一百多個，之後兩三百個包圍中大。當時無大台，無

---

[1] 運動期間成立的網店，以支援因參與運動而失業的年輕人為目的。

[2] 由政治組織「熱血公民」前成員李政熙於運動期間開設的店鋪，在各個遊行或示威熱點附近，以日租或短期形式租鋪，開設售賣店售賣防毒面具、頭盔、眼罩、口罩及手套等防護裝備。

telegram，無即時的通訊，訊息混亂，不知所措。當時在二號橋設下路障，他只能看著眼前的攻防戰。經歷11月12日中大一戰這晚後，他判定自己為中前方的半勇武。他自認怕死，當時和死亡有過前所未有的近距離接觸。「如果被拘捕，要不被警察私了殺死，要不就是到親中的法官面前受審，根本就沒有公義。」在11月18日的理大解放戰中，Y的傘被彈射破了——沒開傘的話他就親身中彈了。

如何看運動之前因

　　Y認為是政府漠視民意，以及其後的警暴，加上中共對香港的箝制和打壓：假的一國兩制、五十年後隨時變一國一制的擔憂，教人民今天就要走出來捍衛自己的幸福。「中國的好是假的，GDP造假。」Y表示他的表親就是當調查商業罪案的官的，查出很多公司都是在大量造假。「中國的繁華，是城市硬件上的，人們一般生活都是分享不到」、「中國貧富差距大，如香港被其同化，問題只會更甚」、「中國的項目一直在虧本，大白象帶到香港，港人生活只會更壞」、「中國人的生命財產沒有保障」——為了證明此點，Y展示出《有線中國新聞組》一則過億豪宅被國家清拆的新聞。「何況中國連google也沒有，只可強制用微博。」

　　他認為這場運動反映出香港赤化嚴重。「醫院有大量『雙非』（指父母都不是香港公民的孩子），香港人自己小孩的奶粉被搶講一空，有慢性病時要在公立醫院輪候好幾年，而人民又窮得沒錢去私家醫院。此時政府還要減縮開支去建大白象工程，社會資源變得更不均，物價上升了幾倍，收入卻在下滑。公屋又被中國移民霸佔，綜緩又是移民一年就可以合資格申請。」他認為這次示威同時是民怨大爆發，「高鐵一億元買員工飯盒而賬目不清；透過多個大項目把白銀大量送中，使本港失去財產；港鐵沙中綫又運用中國式工程標準，沉降違了規就把規則放寬。」他表示，送中運動實為種種問題的導火線，「政制問

題，問責制不問責；司法出問題，律政司司長鄭若樺也不下台，失蹤多天。社會變了一言堂，政府權力沒有制衡。」那麼外國的介入呢？Y表示，「面對香港慘況，英國人不會介入。」

當下的他覺得，這場運動大概要「再一兩個月後才會完結吧，其實我也估不到事態發展方向。」他以前以為很快會完，卻一拖就是半年。「每次好像可以平息完結，就有警暴發生，重新為事件助燃。」

看運動、看前景

Y覺得這次事件，明顯地是一場革命——革命、運動、暴動三者的分別在於褒貶，運動中性，暴動貶，革命褒。

他對前景是消極的，覺得不可能完全滿足五大訴求的，頂多只能令國際制裁。「人踩人、催淚彈、物理破壞會成為常態，日後也會見到更多的『火魔法』（即示威時用的燃燒物品或汽油彈等）。」當筆者追問他為何還要出去示威，他說起碼要表過態、爭取過，「犧牲收入是可以的，現在犧牲至只夠生存，但不會犧牲性命。」

他自己最大的訴求是追究警暴。「香港人一向沒有自由，但更加沒有的是公開的警暴。追究成功後，獨裁政府將失去其最後一道防線，故此，追究警暴的影響是很深遠的。」他認為首先要解散警隊，「所謂歷史是由勝利者所編寫的。只要完全戰勝暴政，根本不用修補，也不用給敵人甜頭。」

至於他認為有沒有談判的可能？Y堅決表示沒有，五大訴求，缺一不可。而且「現在無大台，就沒有談判的對象。」像黃之鋒也算是一個領袖，但給代表了，又會發生問題。「像中大圍城戰中，就發生了黑衣人代表中大，向政府釋出善意開放吐露港公路，這一事把很多反和派的勇武都激走了。」

談及對社會的影響，Y認為黃色陣營變得更團結了，社會氣氛也變得更加凝聚。相比以前只見到自私、人吃人的一面，他見到各種義載和義救，見到人

性互助的一面。另外，他覺得以後人有案底也沒有問題。「警察死地一戰，屈打成招，他們的兄弟式訓練，令他們是非不分，只求齊上齊落齊犯罪。黑警會慢慢變成用完即棄的condom。」

許多人會說香港的核心價值是法治，Y卻不這麼想。「香港一直都有法治的根基，卻沒有法治。法官一直以來都是親建制的，表面公正，實質上是暗地支持政府，當今大量紅底法官，中共一直派人滲透司法制度，君不見酷刑不停，重判示威者而輕判建制人物。」他說香港真正的自由只是言論自由，而的確，保障言論自由是需要一個相當的法治社會的。「言論只要有一般的基本限制，不中傷人，就要得到保障的。」

問及香港未來，Y認為以後會以赤化運動為主，包括反法輪功，都會由藍絲發動，而且會漸見更多。他想像的未來香港，會慢慢變成中國的一個普通城市，民主自由都會失去，但還是可以當著為中資走出去的責任。「來自中國的移民會沖淡本地人，就如廣東和新疆一樣。到了2047年，香港會施行一國一制，全部人都會藍底。在中國只有普通地位。法治的意思就是絕對服從，人治就是好治。外國會撤資，大家都是極權，為何不在中國投資？香港會失去所有國際加持。只能減慢淪落，不能挽救。國際都只會為中國市場叩頭，對中國的制裁都只會是有名無實。外國公司只為做生意，不理香港人們死活。」

筆者回應

一、科技以至大數據監控社會

從政府大力支持的企業去看，政府大力支持的商湯，就是以人工智能科技為基礎，監控市民的一舉一動，本來有的科技漏洞，我們是講信，但近日事件中，我們見到警權無限大，會用盡每一個監控機會去恐嚇跟蹤示威者。如智能燈柱，當加上面容和步姿辨識之後，市民每天都會生活在大量不自願的監控之中。科技研發也只有政府允許才能開展，有市民網上開發認警的面容辨識軟

件，就即時被屈打暴動罪，科技的使用權和開發權轉向政府手中。

二、問題的根本

　　問題在於根本上最基本的價值，是自由民主為最大？還是穩定發展是最高？還是兩樣以一定算式計算出最佳比例？最抽象的說法是各有一套理想，而這兩套理想是互拆的。很多藍絲都是理智的，但只是基於和黃絲不同的信念，也即是哲學常常說的道德相對主義的問題。另外，在考慮實際生活時，筆者家中的藍絲認為，極權有問題，但生活未必差過民主，在極權的共產黨下生存，其實可以和在民主國家下生活的先進程度相約，只是多了一種機會比中六合彩還低的死因：為國為黨捐軀。雙方都是根據著自己的價值去推論出對方是錯的，兩不相讓，根本沒法子罷休。我們需要一個哲學家為我們解決一個問題：什麼是絕對的普世價值。其實這個問題就是衝突來源。

　　然而如何找到真相，貝葉氏學習思維也不見得有效，真相愈來愈難得知。貝葉氏學習法的一般做法是，一個事物的觀察數據愈多，算法的可信度就會增加，不但機器可以這樣思考，人類也有這種「例子多就可信」的思考、方法，又稱「人云亦云」。網路灌水能容易針對這種算法／思考方法去改變人類對事件的結論。「有圖沒真相」，AI改圖已是日常，連網路直播也可以變樣，以後警察現場作破壞再現場直播是用AI改成為示威者，這樣的可能性又邁進一步。

　　在屯門催淚煙影響民居一事中，前天文台長以風向否定警署為催淚煙的來源，其推論之粗疏，實為人垢病。首先，催淚粒子比空氣重，所以催淚煙在冷卻後會集中在地面，地面正正就是地球邊緣層（boundary layer）中最複雜的部分，地面的空氣流動和分子的散播是人類最不了解的，不是高處的主要風向就代表表層的方向也一樣。以一簡單生活例子說明：地面的落葉在風吹時，往往會打轉，分子是可以和風向成90度的散播。有興趣的讀者可以參考一下「entrainment」相關的文獻。雖然大氣較上面的風向是較單一，但到表面時卻是可以以反方向的流動。這個邊緣層的厚度是和地面粗糙度（roughness）呈

正面關係的，城市的建築大大增加了這不定向流動的空氣厚度，在城市的氣體散播，還是要超級電腦運算才能模擬的。林超英指當天風向是由東北向西南吹，然而，東北的地勢比西南高，是adverse pressure gradient的地形，而眾所周知，在這地形下，地面的氣體是會間斷地反風向而流動的（大家可以google看看flow separation and reverse flow in adverse pressure gradient），這也是加速氣體分子的混和與散播和上遊流動。當然，地面邊緣層的粒子散播物理在學術層面上的是有待考證，地面的空氣流動是紊流，是古典物理學中未解決的問題，最穩健的說法還是人類未能完全了解。催淚煙是通過燃燒產生的，自然能上升爬過山，和山火的道理一樣，林還故意說爬山不大可能。

我不是說一定會有橫向甚至反向的粒子流動，只是強調其不可知性及可能性，但一個退休天文台長竟然可以如此快地跳到結論，這件事令人思疑天文台在他在為前後一直都是為政權服務而非為市民服務的。這也令人偏向相信「李氏力場」的都市傳說。

三、黃絲如能奪權，會否成為另一極權？

極權底下的香港警察，明知有同事對示威者犯上多宗戰爭罪行也不割席，和示威者的犯罪也不割席，本質上是一樣，都是對同政見人的罪視而不見。國家從上而下的經濟打壓，和黃絲建立黃色經濟圈，本質上也是用手上的權去打擊政見不同的人的生意。當雙方的行為模式都是一樣，又能否教人信服上位後黃絲不會成為極權呢？

回應Y對警隊的觀點，林鄭沒有警隊，就什麼都不是了，所以，Y認為示威者最大的希望，也是最沒可能達成的。而針對香港最大問題，Y說的都是資源運用不當的結果，生活問題的根本是，港人沒法掌控自己的資源，令社會肥上瘦下極嚴重。最根本是市民要有掌控資源的權力。

筆者眼中的香港未來，是中國化：沒識見的人打倒有識見的人，這種反智型社會雛型已成。香港將返回原始社會，其原始性在於：拳頭大就是對的，生物歷史一再重複。香港只需要勞動的奴隸，他們沒有希望，只有勞動，沒有

stake，只有看著自己的成果被制度掠奪。移民不停不受控地湧入，香港的經濟狀態自然會被中國化，連同中國的收入不均也會隨著移民一樣入口了。當社會形成是由中國移民為主，很難令人不作出香港變成大陸的結論。

在這原始社會，沒有槍枝，就只有被人用槍指，然後繼續被迫活下去、幹活下去。國際社會在六四後都可以原諒中國，當年的惡，比今日在港的更惡，也可原諒，其實人性上，香港死了，只要有大市場，國際還是會原諒中國，香港也許會成為明日傳說中的亞特蘭提斯。展望未來，可否參考以色列，在亡國後等後世的強國去為其復國。港人要做好亡國的準備。

革命要犧牲，必然嗎？犧牲了才有二百萬人遊行，活著的就是吃人血饅頭嗎？吃人血饅頭是錯的嗎？黃色經濟圈是不是吃人血饅頭？難道我們讀流血歷史去防止重覆犯錯也是在吃六四法國大革命的人血饅頭？從死人事件／革命中獲利就是錯？不學習不就是令他們的死也白費？

Couple

也同歡樂也同愁：
一對情侶在2019年的思考

　　筆者是次訪談的對象為一對情侶，雙方年齡約20歲。女方是典型的高材生，瘦削細小，從中學開始已是名列前茅的尖子。男方則是大學時期女方的學長，身型健碩，標準前線示威者的身型。

　　雙方都是理科背景出身，照理說社會發生的事一般與他們的專業關係不大，但有趣的是二人都非常投入於這次運動。如二人給自己投入程度打分，0分是不支持，10分是非常支持，二人都指自己是7至8分。但他們不太喜用顏色來形容自己，更喜歡說這是「良知」的差別。而二人在2014年的雨傘運動時都在中學階段，當時的中學罷課都有參與，但投入程度低於是次運動。

　　而在訪談過程中，男方都是讓著女方先答，自己再作補充，而不會像一般過往的性別角色定型，男的負責暢論國家大事，女的則只顧家庭。雙方都對現時的香港局勢有清晰的看法。

　　男女雙方都有參與網上行動，如聯署、分享示威資訊、發表支持示威者的言論。當然也有會參加遊行、集會、組成人鏈、現場運送物資、貼連儂牆、罷課等行動。而男方更有到前線參與防衛行動及曾採訪拍攝紀錄，女方則多是參與現場的後勤工作。

參與的起點與經過

　　女方從4月開始已關心這場運動。男方則更早，從中學開始已關心時事，並從2014年已開始參與社運，例如「雨傘運動」。但經過傘運的失敗，給他留下很大的創傷，雖然有留意到「反送中」的新聞，卻認為該運動沒有成效，直到6月9日見到有百萬人大遊行，才重拾勇氣再次參與這次運動。可見女方的包袱較少，男方則有過往的社運經驗影響著他對當下的判斷。

　　問及這對情侶參與運動的原因，雙方都第一時間便清晰地指是整個香港政治制度問題。因為香港政府不是民選所產生，未能在施政上反映民意，其權力亦非來自人民，而是背後的中國共產黨政權。香港政府只是中共的傀儡，不會為香港人民著想。故想透過這場運動，為香港社會、政治制度帶來根本的改變。他們也對近日運動發展有所擔憂，特別是經歷過7月21日元朗事件及8月31日太子站事件後，他們認為大部分人堅持下去的原因，已轉到針對警隊使用過分武力（警暴問題）的問題上，卻忘記了初心，是想制度的改變。認為這是不健康的發展方向。

　　有趣的是，雖然男方有上前線，如早期地鐵站「快閃」抗爭運動，但他不認為自己是「勇武派」，主要是自己沒有真的有很強烈的肢體衝突出現過，也不是「火魔法師」[1]的一員。或許他有幫忙設路障，但這些都不足以讓他認同自己是「勇武派」的一員，故前線之間的崗位差異，也很影響他們自己的角色定位。

　　而女方沒有以激烈的抗爭方式（勇武派）來參與這場運動，她的原因很有代表性。她指不是原則上反對這類的手法，而更多是實際條件的考慮，自己的體能不足以應付前線的狀況，擔心會成為其他示威者的負累，這是她首要考慮，故不以這種方式參與。

　　當然二人也言，不想負上法律責任及不想因自己被捕後影響到家人。在訪

---

[1]　即會使用燃燒物品，來阻攔警方在現場推進、拘捕的行動的人。

問時他們二人會在回答此題時對望，反映怕對方擔心也是自己行動的考慮因素之一。但為何男方仍會走到前線作防衛的工作？對此他們都直言體制內的抗爭方式已無效，和平的手法政府也不會回應，一百萬人、二百萬人上街也不能迫使政府答應五不訴求，故只好走到前線，以勇武的手法來突破和平抗爭的困局。正如這場運動的金句之一「是你告訴我和平示威沒有用」。

由此可見他們二人立場甚為明確，並且自6月9日起一直有參與其中，甚至走到最前線。當然他們亦有顧慮，特別怕走得太前會連累身邊的人，但如他們自己言「去到現場就不能想太多」，所以就一直參與這場運動。而他們也不是盲目地行動，如參與運動原因上就見出他們在不斷反思，並且將現場的經驗不斷地帶進自己的思考中。

思考運動的來龍去脈

男女都有深入地思考這場運動發生的根本原因及解決方法。從他們的回答中，明顯地不是因為朋輩壓力，也不是為應付情侶雙方的政治取向而勉強遷就參與的結果。

爆發的主因

對此他們二人直接就說，陳同佳案只是表面，這場運動爆發的主因是整個政治制度的問題。並且向筆者分析從雨傘運動開始，香港所暴露出來的政制問題，民意如何得不到伸張。到2016年農曆大年初一的「魚蛋革命」[2]，提出「光復香港，時代革命」的口號。但過往政府不單沒有處理，反之用盡各種手法去打壓運動、拖垮民意，以為這樣就處理好。民意沒有出口，就積成為民怨，只是過往都積累了太多無力感，才沒有爆發。

---

[2] 政府則稱之為「旺角騷動」。

到了《逃犯條例》修訂時，不同媒體已不斷指出當中問題，法律專家及學者多次進言，商界亦明確反對，但政府都沒有理會一意孤行。最終市民感到再不以行動阻止政府，以後就無機會發聲，故運動全面爆發。所以二人一再強調，沒有普選才是主因，就算沒有《逃犯條例》修訂遲早也會有同樣的運動爆發。而當筆者追問是次導火線與之前有何不同？他們就指出，可能是「送中」所帶來的不安感，對中國法律制度的不信任與恐懼，感到香港最後的防線也面臨崩潰，所以群眾的反應才如此強。

社會問題

有趣的是，當筆者清晰地問到運動所反映的社會問題時，他們二人的回答都指出是沒有普選，特首缺乏制衡，市民沒有話語權，立法會因功能組別原因，使政府完全可以忽略民意粗暴地通過任何法例，並且所謂的高官問責制名存實亡。但筆者質疑這些不是政治問題嗎？他們卻肯定地說，這些都是社會問題的根源，不能繞過這些。

這與我們過往常聽到，民生與政治要分開的說法不一樣。年輕一代並不視政治為虛無、骯髒的事，反而是實在的問題根本，政治就是社會的問題，而不是可分開討論的事情。

最深刻的經歷與感受

對於女方言，最大的感受是7月1日。因為她望著示威者衝入立法會的一幕，感到香港抗爭已到了新階段，示威者能勇敢地向政權挑戰，並衝破了和理非的心理關口。於她而言，衝入立法會亦有分水嶺的意義，代表體制內抗爭已完全無用，轉而走到街頭，用群眾的力量來改變政府。

但這經歷也讓她對近日運動的發展感到不安，特別是11月24日區議會選舉大勝後，大部人沉浸於勝利的滋味時，讓她感到群眾又走回制度抗爭這條路。

讓她反思，當初不是因為制度失衡，缺乏監察政府能力才走上街嗎。所以她認為不能忘記7月1日的初心，也是她行動中不斷參照的座標。

男方也認同女方的，但由於他走得更前，所以不少深刻的經歷都與警暴有關。如6月12日下午，他身處中信大廈附近，當時警方用催淚彈等驅趕市民，險釀成人踩人事件，自己能安全離開，感到死裡逃生。

又如8月31日太子站事件，一方面感到是七二一元朗事件的翻版，只是由白衫換成警察制服，市民同樣受到無差別的襲擊。亦因他之前有坐地鐵進行快閃抗爭行動，感覺原來地鐵也可如此恐怖。又如12月8日，民陣於世界人權日發起遊行，他一路行到路線終點站，防暴突然從地鐵站衝上地面，並以散彈槍指向市民，他就是其中一個，亦是人生第一次被真槍指頭，感到生命受到威脅。

當然男女雙方也有些共同深刻的感受，如6月9日被百萬人遊行所鼓舞。又如11月8日，周梓樂在警民衝突期間墮樓後重傷不治，讓他們感到悲傷，因周同學與他們的背景很像，感到死亡與自己擦身而過。

這些經歷所帶來的影響

對於男方而言，過往傘運「失敗」的經驗使他一直不看好香港的抗爭運動，但6月9日的百萬人大遊行鼓舞了他，使他積極投身抗爭當中。7月1日的事件，則使他們同樣認為要走上街頭，用盡體制以外的方式來爭取香港的民主、自由，制度的改變。

但11月的理大事件，不少示威者，特別是「勇武派」人士被捕。可是大家都只關心11月24日的區選，大勝後又沉溺於勝利的氣氛中，忘卻7月1日走進立法會的意義。而持續不斷的警暴，也讓群眾的焦點只集中在警察身上，忘卻了制度變革的重要性。這些轉向都一定程度上使他們二人感到灰心失意，男方亦思考要退到後勤位置。

可見他們都在運動中思考著自己的角色與行動原因，並且不斷在調整，而非靜態地維持著單一的立場。

運動會延續多久及延續的原因

他們二人都從很多不同層面來分析這場運動延續的因素，並認為短期內這場運動不會停，原因如下：

1. 運動性質不同：這是他們共同認為最重要的原因。因為是次運動在本質上與其他運動不同，不是為民生問題而是為了民主、自由、法治這些理念而爆發的運動。故是為了清晰的政治理念而抗爭，不容易因一些利益而妥協，所以政府一日不回應五大訴求，一日不會有完結的可能。

2. 參與成員的背景：女方指出參與的很多都是年輕人，從小學、中學至大學生。由於運動爆發於暑假，讓他們可以全程參與。並且他們大多沒有家庭包袱，故能走得比較前。

3. 社運模式改變：男方認為這次運動沒有「大台」及強勢領袖，全民自發，沒有誰能代表誰，故就算有人妥協停止，又會有人興起、代替，延續整場運動。這正是與傘運不同所在，難以停下的原因。

4. 警暴問題：特別是男方對此有深刻感受，警方自6月起，每一次在大型社會運動中的表現，都是催生更多人參與並且繼續堅持下去的最大助力。

5. 團體意識：男方對此有較多考慮，特別是不少共同「出生入死」的手足仍在堅持，他不想丟下朋友自己先放棄。

6. 對於運動停止或失敗的恐懼：他們都多次強調運動失敗香港就會失卻了法治、自由，會淪為中國的一般城市，之後就會不停政治清算。男方也指出，傘運「失敗」後中共強調對香港的全面管治權，並立即收緊對香港的控制。所以他們都認為運動不能停下來，直到訴求得到回應為止。

7.資訊科技發達：他們二人都指出資訊流通程度與以往不一樣，如Telegram、連燈等，都能快速動員群眾，故比以往更易號召市民參加，市民也更有流動性。

8.政府在運動中進退失據：男女雙方都指，這6個月政府往往在巨大壓力下就會稍作退讓，讓人理解為唯有抗爭到底而非妥協談判才能爭取到香港人想要的訴求。

正是以上的因素，他們二人都說不準運動還會延續多久，至少在現階段仍看不到停下來的原因。

運動的目的與願意付出的代價

對於男方言，他最想運動能讓示威者的控罪得到特赦，因為他們不是暴力的源頭，而是給政府的不回應所迫出來的。也反映出他較關心身邊的「戰友」。

對於二人言，運動目的就是五大訴求得到切實回應，讓政府能真正代表到民意。市民各方面自由得到保障，如言論、集會、新聞自由。社會上能容納到不同政見，不會有如國泰航空所發生的白色恐怖出現。而他們都是比較堅定，認為體制的改革非常重要，不能讓警暴問題等所掩蓋。

談及二人的覺悟、犧牲與底線，他們二人均表示，自己唯一底線就是不能失去性命，亦言自己走到街頭就有被捕的心理準備，唯獨較擔心自己被捕會影響家人及身邊的她／他。而不能死，就是想保留性命看到香港的改變，死亡就代表一切都完結。而筆者表示他們的覺悟很高，犧牲很大，他們很快就回應這在示威者中很常見、很基本，自己不算什麼。

「我」與香港人最渴望的訴求

　　若問他們二人最大訴求是什麼？他們都會言「五大訴求，缺一不可」，並指這些是緊密扣連的，你缺了一個就會失去全部。但當筆者追問，要他們如何也選一個時，他們就言是真正的雙普選，並且有國際監督下運作的雙普選。因為若有雙普選，政府是民意代表，就自然會回應其餘訴求，如撤回示威者控罪等。但這是他們自己的渴求，故在訪問中，他們也很快就承認若全香港人的訴求中劃一個中位數，可能大部分也只希望成立獨立調查委員會，查出警暴的原因，作出適當的制裁就足夠。

「我」與香港人談判的底線

　　承接之前的話題，他們拒絕就談判作出讓步，認為「五大訴求」就是底線。但在筆者的一再追問下，他們就回應指雙普選是他們的談判底線。並且明確告訴筆者，不能只換特首高官，這樣香港不會有大改變，要深入到制度層面才可以。但同樣地他們也意識到，若在全香港人的底線中劃一個中位數，他們認為很可能就是成立獨立調查委員會。

　　從上述不斷的追問中，他們的想法與他們想像香港人的大多數想法，都有明顯的張力。而在回答的過程中他們二人給筆者的印象就是一種不甘心，付出這麼多，為何又要倒退回去，為何不能勇敢地爭取多一點。他們也在與筆者的問答過程中拉扯著，不情願為這些訴求、底線評高低。

　　問及社會關係是否可能修補？男女雙方都慨嘆，很難修補。女方也坦言，自己也想回到不分色的世界，社會穩定發展，不用因表達政見而擔憂影響前途，現在就如退到文革時的情況。但若真要言修補，女方較重視要有真正的言論自由，而非處處面對白色恐怖，這樣才能修補撕裂。男方則認為對話會等等，都只會是公關技倆，不是治本之法，還是要回到制度上，有良好的制度

來監督政府，讓真相得以大白，這才能保障到香港人的自由，這才是治本之方法。

而如果要重拾對政府的信任，對他們而言這比修補撕裂更難，因為主導權不在市民手上，而是決定於政府的表現，是否能做到一視同仁並回應市民訴求。所以他們二人認為，只能從根本問題著手，即政府要由民主產生，重建政府，行政長官不是欽點出來，讓香港人獲得真正的自治，而非現在的一國兩制。而政府亦要公開所有真相，並公平地進行審訊，這樣的政府才會得到市民的信任。若是真能如此，市民自然會信任政府。

香港人的改變

經過這半年，他們二人都覺得香港人有很大轉變。特別是男方，因為經歷過傘運「失敗」，所以一直認為港人仍有很強的「港豬」心態，即政治冷感、自私、只會作「勝利球迷」、不願犧牲付出、政治潔癖味重等。但經過這半年，他們認為香港人對新聞、時事更留意、更投入於社會活動當中、積極監察政府施政、重要時刻會挺身而出、有正義感、能為原則及理想而堅持甚至犧牲性命。

他們也對「香港人」這個身分感到自豪。而半年前想也想不到，香港人能如此地影響國際，覺得香港人的國際視野被大大擴闊，從美國大選到各地的抗爭運動都有留意，並將這些扣連於運動抗爭上。他們二人都感到自己更像世界公民。當然生活習慣上亦有改變，如會選擇黃店消費，將抗爭的理念融入到日常生活之中。

運動、暴動與革命，歷史意識的覺醒

他們二人認為這次是一場運動，因為是次不是要推翻政府，還未到整個體制的改變。現在只是維護過往已有的權益，所以在層次上未算革命。而這次抗爭所採用的手段亦以和平為主，全民參與其中，並且已進到日常生活，就算激烈抗爭也不會無故地主動攻擊，所以是運動。

而他們不同意是暴動，因為暴動是以暴力的手段，以換取個人的目的，其要求亦往往不合理，但這次運動是為了整體香港人的未來與利益。對他們言更重要的是，整場運動的觸發是政府的施政不當，暴力也是政府漠視民意的結果，迫使示威者以更激烈的方式來表達，故責任全在政府而不是示威者。若以暴動來形容完全是將問題歸之於市民身上，完全背離了這場運動的事實。

對於不是革命，二人均認為這場運動沒有推翻現有政體，也沒有武裝起義。但男方有趣地形容現在是準革命的狀態，是革命的前哨，有推翻政體的思想準備，只是未有實現，故仍然是運動的狀態。

從以上可見，二人在政治光譜上屬於近深黃的位置，而且對於原則比較看重。若只問他們意願，就會堅持「五大訴求」到底，並謀求根本的制度改變，不滿足於所謂區選小勝、或任何形式的妥協。但他們也對政治現實有自己的判斷，以致對近期運動的變化有不少意見，甚至感到氣餒，想轉換角色，到後勤、和理非的位置，調整一下自己的心態。這種張力的產生，正正是他們積極參與其中並思考的結果。

香港的核心價值與將來

對於男方而言，最重要是自由。而所謂自由，就是不會因政治立場而有後果，能暢所欲言，有創作自由。這也是他認為香港與中國其他城市的最大分別，是香港的基礎。如要守衛自由，就要全民覺醒，全民言政，全民關注社會

所發生的事。

　　女方認為若言香港人的核心價值，就是穩定。她指出過往有人研究香港的社會時認為香港屬於超穩定結構，只會追求經濟發展。而她希望此能改變成為開明、開放的風氣，以世界經濟的流通來帶動香港的國際化，讓不同文化能在此處交流，不同意見也能存在，而且有很高的流動性。

未來社運方式的檢討

沒有大台

　　有趣的是，他們二人均沒有一面倒的支持沒有大台，反而給筆者客觀的分析當中利弊。如男方指沒有大台的好處是不怕被政府等滲透，並利用大台來解散運動，就如傘運一樣。參與者也不怕被代表。更重要是讓所有參與的人都覺醒，為自己的行為負責，而非跟從大台指示，要有獨立的政治判斷。

　　而有大台的好處是其所辦的遊行示威，法律風險較低，一般人都能參與，氣氛較熱烈，力量也較集中，訴求會更清晰，能對政府施加更大的壓力。

　　所以男方就強調，要看將來那場社運的主題，如一般民生問題，就有大台較好。但如今次的政治議題，那就沒有大台較好。

　　女方也言，就算所謂沒有大台，也仍有隱形大台，如現在的連登、民間記者會、學聯等，同樣容易被人帶動輿論風向，所以要獨立思考才能真正做到無大台。

和勇不分

　　對於這種策略，二人均認同並指出當中的重點是抗爭手法的多元化，而非區分和勇，以此來換取最大的抗爭效果。而和勇的轉換亦需要合乎比例的遞升，不能一開始就採用激烈的抗爭手法。但男方對此仍有顧慮，特別是現在和勇不分的策略也走到一定瓶頸。

流水式（Be Water）的抗爭

男方指出，要視乎當時抗爭的人力及武裝力量，如有足夠力量就不需要流水式，正正是武力不足才要游擊。

這些都反映，他們有很強反思力，也沒有太多過往理論與道德框架包袱，他們思考上更多是從實際的效果來想。

未來的想像

女方希望香港能成為真正的國際大都會，不同的文化、種族、經濟活動，都能在香港交流匯集，能容納不同的意見。政治上，香港能有主權，不論是一國兩制、自治還是獨立，都能由香港人自己選擇。香港人能負責管理好自己，而不需受控於其他國家。文化上，希望香港的本土文化能再次成為輸出的地區，讓粵語及本土文化能保留並發揚光大，就像之前邵氏及TVB（無綫電視台）一樣，它的劇集能風魔東南亞、美加等地。粵語的歌曲亦能影響全球。就像現在的K-pop及日本動漫一樣。香港的歷史也要更好的整理，讓香港人能理解、重視自身的文化，對香港有歸屬感。社會上，人民質素能提升，可以和睦相處，對異見者更有包容。她提的例子非常有趣，她指現在只要在網上對運動方向稍有批評，就容易被指為「熱狗」[3]，是來分化的，並不斷被扣帽子，所以希望將來沒有這問題。教育上，改變過往的填鴨式教育，歷史科不要成為愚民的愛國教育，而能真正的啟發個人獨立批判的思維。

男方全部認同女方，只加了補充，如政治上希望將來的民主制度是健全的，能將反對的聲音反映到當權者層面，不用每次都大型抗爭，才換來少少的讓步。而民主自由人權亦需要有相對的公民素質來配合，不能只改形式，而能進到文化的層面。

---

[3] 對政治組織「熱血公民」支持者的貶稱。

總結

　　這次的訪問見到這對情侶的思考已深入到社會、政治制度的根本層面，而非單單停留在每天的衝突當中，也沒有被警暴所種下的仇恨所控制，反而一再向筆者強調要治本，要改變體制，不然一切過往的努力都是白費。所以在訪談過程中，7月1日的事總會穿插出現，以此來強調運動的初心。而不論男方、女方都在過程中不斷檢討、反思、修改策略、轉換參與角色，不執著停留於過往經驗及理論，讓一切在過程中學習到的不斷回饋於他們二人行動上，可見他們都有很強的反思能力。

　　由於筆者為宗教研究的訓練背景，一看到他們二人的思考與實踐方式，就讓筆者聯想到當代實踐神學（Practical Theology）主張。與過往思考神學的方法不同，即不先搭好理論框架再來指導實踐，而是在實踐中獲得經驗，進而到處境分析，指出當中的困境與意義，再回到過往的神學傳統尋找應對資源，並回饋到每天的行動當中。新的行動所產生的經驗又會產生出新的問題，讓這個過程不斷在循環往復，形成螺旋式的推進。[4]這類做神學的方式，最著名的代表之一就是解放神學。所以我們見到這次運動，許多突破過往想像的新形式抗爭行動都一再出現，正正是社運的思考與實踐方式的範式轉移（Paradigm Shift），不再被過往的框框所限死，例如要搶佔道德高地等。而能讓實際的情況，不斷被回饋到下一步的行動決定中。這些都值得我們繼續深思探討，好讓運動能繼續發展到新的階段。

---

[4]　John Swinton and Harriet Mowatt, *Practical Theology and Qualitative Research* (London: SCM, 2006), 95.

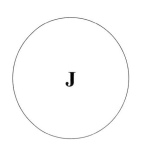

一位堅持底線的「超級後勤」[*]

J

*由編輯團隊摘錄自篇章

受訪者J（化名）自6月12日起便參與這場運動，角色主要是「超級後勤」，傳送物資；7月初至中由於個人保護裝備增加，示威活動中便站得更中前線，留守比較夜，但仍是後勤支援傳送物資為主；7月尾後裝備更佳，便進一步參與「建築兵」建路障工作。

J本身一向很留心時事及政治議題。「送中條例」是她參與的導火線，之後見到更多不公義的事情如警察濫捕／濫暴、與黑社會勾結、政權不仁、漠視市民心聲，驅使了她繼續參與這場政治運動。

運動源頭及經歷

J認為，源頭是「送中條例」反映的政治不公，也反映出香港人對2047年大限的恐懼——看不到未來來、人口清洗、溫水煮蛙。自雨傘運動後，香港人受壓抑了五年，造就政治無力感，及對香港政府、對中共的憤怒。

J印象最深刻的，是運動初期警察驅散人群施放催淚彈，以及後來警察從

高處槍擊（如橡膠、布袋彈），令人感覺生命安全受威脅。但這些經歷沒有影響到J，也沒有使他退縮。但另一方面，也沒有使她考慮變得「勇武」。

J認為，是運動參與者的「三不原則」（不譴責、不篤灰、不割席）及新穎的抗爭手法，加上政府的不作為、警察的濫暴／濫捕、法治崩壞、國家機器體制的問題，使得這場運動延續下去。

對運動的看法

對於這場運動，J是希望能達到五大訴求，最後帶來體制改革，包括警權問題。她能接受身體傷害、被控告等犧牲，但會顧慮家人的擔心。這場運動也讓她有更多的反思：反思自己追求的是什麼，例如普世價值、民主；學業上也有更多思考空間。這場運動使年輕人減少了孤立感，多了來自成人世界的接納和認同。成年人則多了三不原則、和勇不分的概念。那她在這場運動中，是否有任何原則底線？J表示底線是因人而異，而她自己的道德底線是，不傷害別人。

事已至此，談判或雙方在某程度上作出一定退讓，是否可能呢？J認為，如果政府能特赦，訴求也是可退讓的。社會關係的修補，則以成立獨立調查委員會為首要。要改變警隊，做到雙普選，制度變得透明。

問J會如何定性這連綿數個月的事件，J認為是運動和革命兼而有之，但並非暴動。暴動是政府偷換概念，政府的制度暴力、不處理民生怨，暴力升級是自然發展，而雙方暴力是不對稱的。

對未來的展望

J認為，香港的未來發展和核心價值，要靠教育推動。她理想中的香港未

來，是有著普世價值的地方：更民主、自由、平等，後物質主義的精神層次。但她對於「一國兩制」並不樂觀。

學者分析

J可以被歸類為「和理非」的「勇敢」前線運動參與者，她參與運動有底線：不傷害別人，但理解甚至體諒勇武者的暴力行為，認為暴力升級是不對稱的政府制度暴力，不理民怨，及警權暴力的自然發展。

她理解反送中條例只是這次運動的導火線，深層原因是對「一國兩制」2047年大限的恐懼，看不到未來來，人口清洗，溫水煮蛙。自雨傘運動後，市民受壓抑了五年，感到政治無力，對香港政府及中共的憤怒，也是深層原因。

受訪者很理性知道自己在運動中的行為及角色，她一向關心時事及政治議題，覺得這次運動的體驗讓自己有更多的反思，包括學業上有更多思考空間。她認為這次運動使「和勇不分」，減少了年輕人的孤立感、得到更多來自成人世界的接納和認同，使運動更能持續發展下去。

她認為五大訴求不是不可退讓的，如特赦是可作為談判的退讓條件，首要是獨立調查委員會，長遠是制度的改變包括雙普選及改變警隊。她對香港的未來有盼望：落實更民主、自由和平等的普世價值，重視「後物質主義」的精神層次需要，但對「一國兩制」的前景不樂觀。

我相信在這次持續發展的社會運動中，年青學生參與者裡的「和理非」，如受訪的J般，仍是佔大多數。他們對自己在運動中的角色行為、運動的深層原因、為何可持續發展、與成人世界的關係、解決妥協方法，以至對香港未來的期望，都有清楚的理解和分析。

但在愈來愈多衝突傷亡事件真相不清，及雙方「以暴易暴」的惡性循環下，部分較激進勇武的示威者，已從與目標相關的集會示威、包圍衝擊立法會、警署及政府部門的抗爭行為，變質為宣洩仇恨憤怒的破壞商戶、社區和交

通設施及嚴重傷人暴力行爲，甚至離開了「道德底線」，已開始引起部分市民反感甚或民意可能逆轉，令「和勇合作」動搖！

在政府「止暴制亂」措施升級下，部分運動中的「和理非」前線青少年參與者會否變得更激進，成爲勇武暴力者？在社會及青少年付出的個人和生命代價愈來來愈大下，「和理非」的成年人如何勸止青少年暴力升級，守住「道德底線」，是社會所有關心年青一代的成年人必須關注及承擔責任的首要問題。

建議一：建立公民社會對話和解平台

例如筆者在11月16日參加了「香港未來之路──公眾論壇」（http://www.hongkongforward.org/zh/），探討香港如何走出現在的困境危機，邀請了幾位外地及本地嘉賓，分享他們在不同國家地區的社會政治衝突中如何用和平對話促進和解，有幾百人參加。發起組織亦打算未來在社區進行二十場民間對話會。

講者分享他們的經驗，提醒我們不要對和解對話悲觀，發揮民間公民社會的中間多數的橋樑連結（bridging social capital connections）力量，逐步營造動力去促進對立雙方和解對話，尋找共同價值（shared values），在暴力以外尋找非暴力的解決選擇等。

其實香港的公民民間社會一直有很積極的組織力量和影響力，在現時的危機中可扮演橋樑連結角色，去促進和解對話，不同的香港人的共同價值亦不少。只是這些正面力量尚未可聯繫起來發揮去推動和解對話。論壇亦討論到互聯網社交媒體對社會撕裂敵對的推波助瀾負面作用，及如何發揮其促進和解對話的正面積極功能。

建議二：用真相疏解民怨撕裂

連政府聘任的國際顧問近日也按捺不住公開指出監警會權力不足，建議成立獨立調查委員會尋求真相，奈何政府還在推卸拖延，繼續利用分化社會輿論及盲撐警權去止暴制亂，這只會把香港及青少年推向不歸路！

我建議參與本研究的學者、各政治光譜中較開明人士及團體，應刻不容緩聯盟起來，要求政府就香港人及國際專家的廣泛共識，儘快成立獨立調查委員會，就數宗重大社會事件尋求真相，用真相去令社會終止暴力及尋求和解出路！

志仁

白色恐怖下，
教育工作者的失落與徬徨

在教學崗位退下來不覺已有數年，本懷著期待的心情，希望可以開展人生另一個新階段，除了想多到世界各地旅行開闊眼界外，亦想多做運動鍛鍊好身體，當然亦想發展一下其他興趣。可惜時不我與，香港時局動盪，自2014年雨傘運動後，隨著北京加強對香港的操控力度，香港社會的躁動亦愈趨明顯，令這段退休日子過得並不平靜。特別是最近因反對修訂《逃犯條例》而引起的抗爭運動更是一發不可收拾，不少年輕人走上街頭，與警察發生衝突，受傷有之，被捕有之，他們付出了青春，為的是香港的未來，要知道他們都是2047年的持份者。看見他們，自然想起自己的學生，擔心他們的處境，於是找來志仁做了個訪問，希望他可以分享一下對香港的現況的看法，以及對未的一些想像。

一個退休教師與一個準教師的對談

志仁（化名）已大學畢業，現正修讀教育文憑，為參與教育工作做最後的準備。不敢說他會繼承我什麼衣砵，但既然他立志要當教師，那和我這個過來

人進行一個坦誠的對談，相信會很有意思。

中學時代的志仁可以說是一個品學兼優的學生，個性比較內向，課外活動方面不算活躍。2014年雨傘運動正值他中學階段的尾聲，所以也不見他有很投入的參與，只在學校聖誕節聯歡會的班際歌唱比賽上和同學合唱了《海闊天空》。那究竟在這次「反修例事件」中他又是一個怎樣的角色呢？

首先，志仁清楚的表明自己是支持反修例運動的。而談到他在這場運動中參與的情況，起初的確令我有點意外，但細想又似乎與他的一貫性格頗為吻合。意外的是原來他只參加過六一二和六一六兩次遊行，基本上沒有上過「前線」；其他的只是間中會在社交平台分享一些有關運動的資訊，同時參與過幾次聯署。我原以為以他這個年紀會參與得更多。不過回想一下，這不就是他一貫的性格嗎？加上了解到他的家庭背景，作為一個基層家庭的獨子，父母又屬典型的勞工階層，只寄望兒子可早點成材，幫補家計，能過安穩的生活便已滿足，所以對他在運動中沒有太多實質的參與是可以理解的。

為什麼要自己人打自己人

不過，志仁雖然沒有走上前線，但對整場運動的緣起和發展他是了解的，他的立場和態度也很清晰。他認為《逃犯條例》的修訂根本是不必要，否則便會失去中港應有的區隔；所以在去年6月他和上百萬香港人一起上街向政府表達不滿。之後發生的「黃衣人」在太古墮樓身亡事件，也對他帶來很大的衝擊，之後六一二中信大廈外警方圍堵示威者，亂射催淚彈，險釀人踩人意外，及往後的示威衝突和警暴，亦令他非常憤怒。所以儘管在9月尾至11月初有一段時間身處外地，他仍然時刻留意香港的狀況。每次在互聯網的直播平台上看見警民衝突，心裡都感到很不舒服。有一個問題經常出現在他腦海中——「為什麼要自己人打自己人？」他愈來愈同情示威者，也愈來愈憎恨警察。他開始感到愧對前線勇武的抗爭者，同時間亦有很強烈的無力感，不知如何自處。他

認為政府在處理示威問題上很不公平，一方面對示威者採取鐵腕強硬的鎮壓手段，一方面卻縱容警察的濫權濫暴行為；這不單解決不了問題，反而會進一步加深社會的撕裂。

在繼續和眼前這位年輕人理性探討這場運動的其他問題前，忽然想換另一個角度，想知道作為一個修讀文學的準老師，在這場歷時大半年，至今尚未終結的運動中，期間的心路歷程究竟經歷了什麼起伏變化？當中有什麼特別深刻的感受？

感動的時刻

志仁低頭整理了一下思緒。三數分鐘後，他抬起頭說，雖然在過去的七、八個月發生了很多事，有無數的畫面在腦海中穿梭，但他有一個感動的景象是非常深刻的，那就是去年6月16日二百萬人上街，由於人數著實太多，下午三時左右他由銅鑼灣起步，然後隨著人群慢慢移動，一步一步，一直走到日落西山，終於走到金鐘的添馬公園，在昏暗的天空下，塞滿每一個角落的人群，大家一起舉起手上手機亮著白光的景象。他心想為何香港人會這樣團結齊心！

另一個感動的場景志仁說是獅子山燈光人鏈，一來獅子山對香港人來說自有特別的象徵意義，二來燈光人鏈除了勾勒出獅子山的輪廓外，更令人有一種像在黑暗中看見光明的意象，所以覺得很感人、很漂亮！

年輕人的怒火

然後是憤怒。他憤怒的是林鄭政府竟然可以無視香港人的怒吼，在一百萬、二百萬人和平上街，表達了明確的訴求，回應的只是把修訂《逃犯條例》「暫緩」二字！所以，7月1日繼續有上百萬人走上街頭；所以，有一班帶著怒

火的年輕人衝進了立法會。志仁當晚看見一個叫梁繼平的年輕人在立法會的議事堂，站在桌上，拉下面罩，宣讀了香港人的宣言。志仁知道拉下面罩這個動作本是很輕鬆，但那刻他的心情卻沉重到不得了，他完全明白梁繼平爲了香港人付出的代價！後來在直播中看到其他的示威者走進立法會，喊著：「一起來、一起走」的口號，要勸退其他的留守者。那呼喊聲就像鐵鎚一下一下的敲打著心臟一樣

對政府、警察的失望

再來的是失望。志仁家住元朗，在七二一白衣人恐襲事件發生前半小時，他曾經過元朗西鐵站，回家後在新聞直播中目睹事發經過，看見白衣人瘋狂的、無差別的攻擊無辜市民的畫面，事後警方無恥塞責的回應；再加上八三一太子地鐵站由警察發動的另一次恐襲，和每天四點鐘警方舉行的記者招待會，每一次都是謊話蓋謊話的方式掩蓋警察的惡行，令他對警察、對政府徹底失望！

悲傷和無奈

後來陸續發生了陳彥琳、周梓樂身亡事件，雖然當時志仁身處海外，但由於受害者和自己都是同輩人，所以特別感到悲傷。因爲年輕、因爲身穿黑衣，學生在街上經常受到警察的凌辱和施暴。後來接著發生警察攻打中大和理大事件，大學校園變成戰場，學生須保命逃生，作爲大學的一分子，志仁表示自己竟然無法爲保護大學盡一分力，也爲自己的無能爲力感到無奈！

興奮與慶幸

　　儘管大半年來令人憤怒，失望和悲傷的事很多，幸好11月24日民主派在區議會選舉的大勝，和最近台灣總統大選蔡英文獲選，都為志仁和很多香港人帶來短暫的興奮。另外，志仁表示他也很慶幸家裡沒有像某些家庭般出現撕裂的情況，雖然父母對示威者的行為不很了解，亦曾與他有過一些爭論，但始終都能互相尊重，讓家庭可以保持平和的氣氛。

　　聆聽志仁的分享，心裡確是百般滋味，香港為什麼會變成這樣，要令這些年輕人在身體上心靈上受那樣的折騰？當權者口口聲聲說年輕人受失實媒體誤導、被政客煽動、被外國勢力操控，但事實是這樣嗎？讓我們聽聽這位大學生對這場因反對《逃犯條例》修訂而引發的社會運動的分析。

問題的根源

　　志仁認為問題的根源來自當權者，而反修例事件只是導火線。

　　先從政治角度看，這場運動明確表達了香港人對香港政府和中央政府的不信任，而這是多年積累而成的。遠的不談，由2012年的國民教育事件開始，到2014年中央頒布八三一政制白皮書，以至立法會選舉DQ議員事件，都給香港人帶來一個強烈的訊息，中央要縮窄香港人的自由空間，要推翻訂定《基本法》時給香港人許下的承諾。

　　其次是經濟因素。九七後特區政府並沒有改變土地政策，繼續放任地產霸權橫行，讓貧富差距繼續擴大；加上失控的自由行政策，也扭曲了經濟發展的模式。

　　最後是社會因素。每天一百五十名新移民持單程證來港，逐步蠶食香港人原有的資源，加上失控的自由行，令社會逐漸出現香港人與內地人的對立矛

盾；由於對政治和經濟發展的期望不同，年輕人與老一輩的代溝進一步擴闊，年輕人的反政府反權威的思潮在蔓延。

運動會怎樣持續下去

志仁指上述因素都是有目共睹的，也是造成這場運動的根本原因，反修例事件只是導火線。所以當我問志仁認爲這場運動會持續多久，他認爲應該沒有人可預知，或許隨著警方繼續濫捕，遊行示威的衝突會減少，但香港人會以不同的方式繼續抗爭下去，例如最近由網民發起的「黃色生活圈」運動。他認爲問題的根源一天未解決，社會抗爭是不會終止的，一天不重新檢視警隊的架構，追究過去大半年來的警暴，香港人是不會罷休的！

既然如此，我向志仁表示，假設這場運動能談判，雙方或許在某程度上要作一定的讓步，他認爲怎樣的條件他或香港人才能接受？

志仁首先聲明他不能代表其他香港人，但過去大半年來香港人高喊的「五大訴求，缺一不可」他是非常認同的。其中「撤回《逃犯修訂》條例」雖然已經達成，但其他四項他仍然認爲是缺一不可，其中「落實眞雙普選」可能未必可以立即實行，但至少要一個大家可以接受的落實時間表。

如果抗爭者已沒有讓步的空間，那如何處理社會上的撕裂呢？香港人又如何才能重拾對政府的信任？志仁認爲解鈴還須繫鈴人，既然問題是由當政者造成，政府便應主動釋出善意，與香港人眞誠對話，而切入點應由處理警方濫權濫暴著手，否則情況只會日益惡化，更遑論修補社會撕裂及重拾對政府的信心。

現實與理想的鴻溝

在目前的政治格局下，志仁或抗爭者提出的要求是否不切實際呢？他們期望這場運動能達到什麼目的？自己願意犧牲多少去促成所想要達成的目的呢？現實與理想的鴻溝可以填平嗎？

志仁相信香港人要爭取的其實不是什麼崇高的理想，他們要求的都是自己應有的權利。例如要求「撤回《逃犯修訂》條例」，其實這只是香港人想要確保在「一國兩制」下，中港在司法制度上有一個真正的區隔，令香港人在原有的法治系統下得到應有保障。至於其他要求如「撤回暴動定性」、「成立獨立調查委員會」、「釋放義士」和「落實真雙普選」也並非天方夜譚，因為由六一二開始政府把運動定性為暴動，根本就是一個錯誤的判斷，而隨之而來警方的濫權濫捕把事件不斷升溫，導致社會出現嚴重撕裂，由斷錯症到落錯藥，都是林鄭政府一手造成，也是由於未能按照基本法真正落實真雙選，讓香港人可以監察政府的結果。

話雖如此，志仁亦明白在現實上當政者擁有絕對的話語權，他們一日不肯面對現實，順應民意，香港人仍然要繼續抗爭下去。而在面對種種白色恐怖的壓力下，個人如何自處，他承認的確很矛盾。以他自己為例，身為家中獨子，父母年事漸高，無論如何都要擔負起部分家庭責任；畢業在即，尋找一份教職似乎是他眼前最迫切的需求。但教育局局長楊潤雄最近發表的言論，無疑在向教師施壓。局長認為私人空間的言論行為亦屬「專業操守」，反映出局方要對教師加強監控，教師必須「謹言慎行」。若其言行被視為違反「專業操守」，便要面臨停職，甚至「釘牌」的後果。可是局方對教師的言行要求並沒有明確準則，為保障教席，教師難免自我審查。這是極度可悲的！有理由相信教育局往後將會更嚴格規管教師的言行。但要留在教育界，又似乎只能屈服於他們的框架中。有時候不禁想，往後該如何教導學生批判思考，明辨是非，如何培養他們成為關心社會的公民呢？最負面的情況會否是，若干年後教師只能提醒學生，除了老師所講，亦要關心老師避而不談的話題，以及為何不談。抑或連這

樣的空間也失去，但願這道黑暗的閘門不會落下！

　　志仁忽然想起理大事件的一幕：一群中學校長到理大尋找留守的學生。他說當時看見這個場面，心裡眞的期盼日後尋找教職時，如能遇上這樣的校長就好了。志仁苦笑。

　　訪問至此，我眞的確信這場運動無論以什麼方式發展下去，或以什麼方式終結，它已把香港改變了，尤其是把新世代很多的想法都改變了。不過我還是想聽聽志仁的看法。

新世代的覺醒

　　志仁指自己在這場運動雖然不算參與很多，但大半年來發生的事情的確改變了他很多看法：第一是政治覺醒方面，由於這場運動可以說進一步突顯了中港兩地在政治制度和文化上的差異，令他更明白本土意識的意義，因爲它是保護我們原有核心價值的支柱；第二是懂得要更加珍惜言論自由和思想自由。以往當這些自由未被明顯壓制的時候，我們都覺得一切是理所當然的，但當你看見在這場運動中當權者對反對派的打壓，如國泰員工因在私人社交平台的言論而被解僱、教育局局長向教師發出的施壓言論，令他明白如果我們不捍衛，自由的空間只會日漸收窄；第三是生活習慣的改變。爲了抗衡極權，我們要向中資說「不」、要向專制政權的幫凶說「不」，所以他會支持「黃色生活圈」，儘管或會帶來一些不便，但作爲「和理非」抗爭者，少少的付出是應該的。

　　我們留意到在這場運動中，中央政府對抗爭者的指控往往與「港獨」拉上關係，究竟志仁上面提到的「政治覺醒」和「本土意識」是怎樣的一回事呢？這些價值要如何保留、維持和發展呢？

香港的核心價值

志仁認為在他心目中香港的核心價值有三，順序是：一是人權和自由、二是民主和法治、三是繁榮與穩定。要保留和維持這些核心價值，首先要減少大陸的干預，所以要限制持單程來港定居的人數、控制大陸自由行來港的規模、繼續推動「黃色生活圈」以減少對大陸資本的依賴；在這方面單靠香港自己的力量是不足的，所以要聯繫國際戰線，例如要求美國落實執行《香港人權及民主法案》，以及要求其他國家繼續監察中國政府有否履行《中英聯合聲明》；當然香港人亦要覺醒，以後多關心社會事務，只有這樣，香港的核心價值才能維持和發展下去。

看來志仁和很多這場運動的參與者追求的並非什麼「港獨」，而是「一國兩制」下真正的「港人治港」的政治模式。他們強調的「中港區隔」和推動的「本土意識」，很明顯是對中國政府改變了香港政策，要加強控制所造成的一種「反動」，香港人已清楚表明不會放棄，一定會抗爭到底。所以問題的核心是中國政府還要不要「一國兩制」，是否仍堅持以高壓手段屈折香港人。如果這種狀況不變，相信香港未來的仍將會有不同的社會抗爭運動出現。

抗爭模式的改變

志仁認為這場運動發展至今，的確給香港人帶來很多啟示，它改變了很多既有的觀念和抗爭的模式，例如這場運動沒有「大台」，沒有中央組織指揮，強調「兄弟爬山，各自努力」，以「Be Water」流水式進行，令這場運動更具靈活性，而且也更團結；甚至更聯繫起國際戰線的支援，致使中國有更多的顧忌。目前所見，這些都是正面的可取的，至於未來的發展模式如何，始終要視乎運動的性質和目的，「Be Water」嘛！所謂：「變幻才是永恆」。

來到訪問尾聲，一個重要的問題一定要志仁回答的，就是他對香港未來的想像是怎樣的？

未來香港的想像

志仁面有難色表示，要想像未來的香港真的不容易，因為社會瞬息萬變，起初誰也沒預料到反修例運動會演變至今日的地步。但香港作為國際金融中心，匯聚世界各地的資金，各國在港有龐大的利益和千絲萬縷的關係。我城雖為彈丸之地，卻舉足輕重，受世界注視。假若美國一方不取消《香港人權及民主法案》，以此監督中國政府的對港政策，而中國政府一方依舊想加強對香港的控制，相信在這兩種力量的拉鋸下，短期內香港仍可憑本身的穩健基礎，保持國際金融中心的地位。但長遠來看，預計大陸將會繼續以各種方式加緊對香港的同化。當每日一百五十個單程證配額仍舊，數十年後香港人口結構會出現變化，到時慣用普通話的人口比例可能會升至三分一。教育方面，相信普教中，以至普教全科也會成為學校的主流。至於在經濟環境方面，中資企業將會逐步取代外資，屆時中資企業想必對本地員工的背景會有更複雜的審查，對其言行亦有更嚴格的規範，忠黨愛國可能會成為基本的入職要求。到那個時候，真不知道香港還是不是香港呢？

後記

志仁是我的舊學生，從前的對談，他多是聆聽者，今天卻是我靜靜的聽他分享。現在他準備當教師，但面對當前的局勢，我這個過來人已不知可以向他提出什麼忠告。

其實自2008年教育局推出新的「校本管理措施」開始，整個教育界的生態已出現翻天覆地的變化。「校本管理是支援學校提供優質學校教育的教育措施。校本管理把確保學生學習成效的責任，以及運用資源的酌情決定權下放給學校，並爲學校提供更大的 靈活性和自主權，以便管理學校的運作，以及按學校本身的情況和學生的需要策劃學校的發展。」（2008年《資助學校資助則例》第1.4版）美其名爲學校提供更大的靈活性和自主權，把運用資源的酌情決定權下放給學校，實際上把學校教職員的編制權完全交到學校手上，表面上給予學校行政上的方便，但卻造成了很多濫權徇私的機會。例如愈來愈多學校把常額教席合約化，數目及年限往往超過教育局允許的規定（《資助則例》第57條：「資助學校新聘教師，有兩年的試用期，超越試用期便爲永久聘任教師。」）至於校內教員升職安排，亦常有學校違反第60b條規定「學校管理委員會在教師升職及重訂職級問題上，應遵從常任秘書長指示，按公平和公開程序進行」。以上的情況屢見不鮮，而且有愈趨普遍的現象。

　　所以由那時開始，我經常對年輕人說：「現在當教師眞的沒有尊嚴，明明學位畢業，做學位教師的工作，卻拿文憑教師的薪酬，而且還是逐年續約的方式，要保住教席，除了努力做好教學工作外，更重要的是要討好上司，懂得『埋堆』（融入特定圈子）。此外，教席要逐年爭取，在缺乏穩定性的情況下，無論對教學規劃和教師個人發展上，都會造成負面的影響。」這些情況如果向近十年入職的教師了解一下，相信他們都會有很深的感受。

　　想不到隨著政治和社會環境的改變，教師面對的困境不單沒有改善，而且更變得愈加惡劣。爲配林鄭政府的所謂「止暴制亂」政策，教育局開始在教育界製造白色恐怖，連教師在私人空間的言論行爲都要監管，這等同對教師進行思想審查。在這種大勢下，眞令人擔心還會有人願意晉身教育工作嗎？距離2047年還有二十七年，志仁會如何迎接未來的挑戰呢？

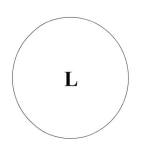

一場帶來
「新獅子山精神」的革命*

*由編輯團隊摘錄自篇章

被訪者L（化名）是大學四年級學生，20多歲的男孩子。性格開朗，真誠，樂於助人，喜歡思考。以下是我們的訪談內容。

筆者：你是在何時開始正式參與這場運動？

L：我是在6月9日開始正式參與這場運動的。

筆者：什麼驅使你決定站出來參與這場運動？

L：其實有個演變的，很早期參加的時候是基於自己對民主的要求及反抗政權不斷剝奪人民權利。出來之後，我認識了一些參與運動的人，便把自己本身的位放得很低，原因是什麼呢？自己經歷過2014年雨傘運動，見到雨革完結後的後遺症，就知道一場運動搞到一個程度的規模，失敗終結時，傷害不只是說有多少人被抓、坐牢，而是很廣泛的。就我所知，當時大部分站出來參與運動的人，在2019年時角色已經淡化了很多，他們出來的動力低了很多，甚至乎我之前有個「莊員」（指大學學會幹事），2014年時他是學民思潮下線組織罷課的成員，就是要組織罷課那些，但看到他現在簡直連政治新聞也不想碰了。很多有組織過實際行動的同學，之後都不想管

政治了，但他們不管的原因是他們很關心之後，發現沒有效果，什麼都做不到，覺得很灰心，或者覺得很傷心，所以不管。2018年尾2019年頭我也有這個心態，覺得不要管了，只是習慣性地出席遊行示威活動，但也不覺得有什麼效果，沒抱任何期望，也不想多做什麼，新聞我都不看了。DQ議員事件後的遊行我全都沒去，因為我覺得去了也沒用，沒什麼方向可以行，也很累了，2014年那時有兩三年時間完全不想回憶2014年發生了什麼事，只覺得自己那時很「膠」（指很傻瓜）。我繼續這場運動的原因是不想抗爭者經歷這麼大的傷痛，所以我很多時做輔導工作，看他們情緒有沒有問題，或者家庭問題。

筆者：請形容一下你和這場運動的關係和立場？

L：很早期時我純粹是一個普通的參與者，即是一個和理非的身分，6月9日那個遊行我有去的，問題是我只是想遊行而已，也沒有想過要留下來到夜晚，遊行完差不多就要走。過了那晚之後，看到6月9日很多人衝擊立法會，也有很多人留下想多做一些事，又被警察圍捕，驅使我覺得自己應該做更多事。真正有擔當一些角色的就是六一二那時，真真正正作為一個參與者去支持這個運動。

　　我的立場從6月9日之前已經是支持的了，不過問題是支持與有信心是兩回事，其實我沒有信心覺得有什麼方法可以解決這件事，純粹是試一下站出來，也沒想過要做什麼。6月9日那時有個強烈心態是想制止通過修訂條例，但之前的經驗告訴我好像沒什麼可以做到，所以只想到要參與遊行，但覺得沒什麼真正方法可以阻止條例通過。

筆者：請詳細描述你在這場運動中的角色？

L：很早期時我是拿麥克風的，純粹用來做物資傳遞或者消息傳播，使人們更容易知道別的地方發生什麼事。運動開始的時候還未發展有效率的手勢指揮，是靠人們叫喊的。我發現現場太混亂，人們不知道自己可以做什麼。我的角色是用麥克風協調物資傳遞。之後我做了義務急救員，除了急救，我會去提醒他們有什麼要注意。我會嘗試與前線多些溝通，與防衛行動的

人多些談話，講警方戰術多數怎樣做，有什麼要防範，防衛行動要怎樣設置路障才有效。另外我會研究警察戰術，看他們到底怎樣部署行動，行動的目的是什麼。例如警察在這個環境下射催淚彈不是爲驅散，而是吸引注意，讓一班抗爭者去救火，那眞正面對警察的人數就會很少。他們不斷射催淚彈可以趕走那些沒有裝備與和理非的人，再用其他方法突襲，捉我們的人。如果大家更理解多些警察的戰術，就不會有這麼大風險。

我自己覺得做文宣、宣傳是很重要的工作。好像七二一，屯門的人是很恐慌的，因爲網上不斷有人發放消息，但當中不少是假消息。那我就會拿大聲公去西鐵站講七二一發生了什麼事，讓他們知道這是不能接受的。

我在網上支持示威者的方式是會問他們：到底他們是抱著什麼心情出來，到底社會教了他們什麼、怎樣對待他們。有時我會分享一些反思，例如陳彥霖事件，我會問一些問題：如果她眞的是自殺的話，大家就不需要關注嗎？如果是其他人、一直以來也有很多人不明不白的死了，大家都不知道他們是自殺還是被自殺，但就算她是自殺的話就代表我們沒有責任？在社會中，一個人自殺，某程度上社會整體是要負一個責任。但在責任分散的情況下大家便會不顧。有些個案雖然是自殺，但很明顯是因爲這場運動而付出他的生命，這時候我就會用一些文字講，大家都要知道自己其實都在背負一些生命，不是他們自殺就沒有責任。

筆者：你認爲這場運動有否反映出香港社會出現了的問題呢？

L：我覺得這場運動爆發的原因是對社會壓抑的反省。我接觸到很多積極的運動參與者，他們都是一些經歷過很多比較艱難事件的人。年輕的有些輟學，或者很早出來自立，找工作做；年長些的可能本身情緒有一些問題，身體也不好，家庭也可能有問題。我認識的參與者中，有六、七成的人背景比較複雜。我會見到這場運動有很多不同程度的參與者，部分較激烈的和比較恆常的參與者可以說是從被社會打壓中釋放。我不想特別用政治的原因講這場運動是怎樣爆發成爲現在的狀態。

我覺得其實他們有時候很單純的，就是有種心態，很厭倦維持現在的

社會狀態，或是他們人生中受到社會很大的壓迫，所以很多人抱著的心態不是想站出來就能改變一些事情，而是不想再忍下去，要爆發了。

我覺得管治失效只是運動的導火線，如果真正去接觸一些參與者就會覺得是本身社會、家庭倫理關係和甚至乎教育已出了問題。社會不知從何時起變得十分功利，但問題是我們的物質是很富裕的。你可以看到很多學生，穿名牌球鞋是追求名牌背後的虛榮感。每個月花光人工、去旅行，某程度上是因為心靈空虛以及沒有目標，不知道自己要做什麼、只知道社會要我做什麼。很多年輕人很早已經面臨很多危機，要面對社會灌輸功利意識，不讓他們追尋自己想做的事，另外家庭也有很多大的危機，即使父母沒有離婚，但關係已經破裂。在這些不同因素之下，所以我們有時見到學生比我們想像中成熟，他們並不是這幾個月看完新聞就變成熟，而是因為他們自小已經面對很多艱難的處境，逼他們要成熟地去面對。所以才會見到一些14、15歲的小朋友，可以很有組織地講解整件事，說清楚對錯，到底哪一處有問題，應該怎樣去做。這不是幾個月內令他們提升到去這一層次，而是他們的背景已經帶給他們很多困難、困境、甚至乎是壓迫，令他們很多都成熟，年紀很小已經在處理很多問題。

筆者：請講述你參與這場運動印象最深的經歷和感受。

L：應該是7月28日那天晚上，有個深刻片段讓我對港鐵完全改觀，不是因為他們運「狗」（指警察）或者關閘，而是那天光復元朗時，港鐵站下面一直不斷有衝突，警察已經在圍港鐵站，示威者躲在港鐵站裡面。不停港鐵沒問題，其實我覺得停不停也很大爭議，但問題是他們不停，但又不是有專車的時間，當時有大量市民正在回家。港鐵完全沒有任何廣播講明有示威活動、有危險、哪幾個出口封鎖了、或建議從哪個出口離開。完全沒有。當時「速龍」衝上來打人，在那之前人們已經在說警察要衝進來了，於是人們跑著逃走。其中有個出口，有一條扶手電梯，「速龍」就從扶手電梯衝上來。人們在這個出口跟普通防暴對峙著，很多人都在那裡，當中有些市民只是想走、打算回家。那時最深刻的是有一家三口，在警察衝上

來時，其他人都是狂奔，我卻見到那一家三口瑟縮在一個角落。我叫他們快點走、跟著人們走，因為警察一上來就亂打人的。當時不知道他們是不是太害怕還是覺得縮在那個位置安全、警察不會打他們，我叫他們走，他們也沒有走。等到「速龍」衝上來時，見人就棍打。我看到有個人被打到頭破血流，走了幾步就昏倒了。那個人只是普通市民，這是肯定的。他穿著灰色衣服和牛仔褲，連口罩都沒有，肯定不是示威者，只是一個普通市民。我不知道他是不是一家三口的其中一個，因為「速龍」一衝上來就朝那個角落不斷打，打完就走。我不知道是不是那一家三口，但那一刻覺得非常生氣，氣到瘋了，差點想用棍打回去。

就是那一刻令我覺得港鐵是完全沒有理會市民生死，他們做的所有行為都是在想政治上應站哪邊才對，而不是令人安全一些。港鐵明知下面很多警察，又已經不斷在放催淚彈，他們卻沒有在車站裡廣播提醒人們哪裡危險、有衝突、哪裡安全一些可以讓人們離開。完全沒有。他們完全沒做事。不幫示威者沒所謂，但你有責任確保市民安全的嘛。

筆者：這些經歷和感受有否影響你在這運動的角色？

L：七二八之後我覺得我要多做一些事，不單是做急救，應盡量多做一些事。之後再次影響到我角色，是當我對結識的抗爭者背景了解更多，還有見到他們面對的處境、困難，我便多做一些輔導工作。

筆者：反送中運動已四個多月，你認為這場運動會延續多久？

L：其實這場運動只能繼續下去，沒有人知道什麼時候會完。也許等到沒有人再站出來，站出來的全都被抓了，那時只能完了。也許可能真的會成功，但我不會期望成功的，因為不想給自己假希望。我希望運動能長一些，因為長一些便有時間沉澱。這一場運動是自發性的，運動長一些可以給他們多些反思的時間，他們中間會覺得累，要休息、要退下來，或者去反思為什麼要這樣做，當他們反思完之後就不會容易出現那種「運動完了、收檔了」的灰心，那種創傷會較少。如果運動能成功的話，我會希望能早些完吧，但如果是傾向失敗的話，我會寧願能延長一些。

筆者：你期望這場運動能達到什麼目的？

L：我自己覺得五大訴求是缺一不可的。很早期我會覺得這些是不可能的，但當愈來愈多人犧牲、愈來愈多人被捕的時候，就不可以再想達到一兩個就好了，不能這樣想的。問題已經很嚴重，不能說達到一兩個訴求就算回歸正軌。不能回復正軌的了。太多人被抓，太多人死傷，沒有正軌可言了。所謂正軌是新的秩序，新的一個事物。

筆者：你願意犧牲多少去促成這場運動所想要達成的目的？

L：到了某個地步，我覺得自己中了實彈也沒所謂，但我不會走過去叫他們射我。真的，有時會想自己中槍好過別人中。問題是當我自己也在持續做一些事的時候，就不可以輕易說現在要設死線，不會拋自己身體出去。

筆者：你認為如何修補社會上的撕裂？

L：講修補社會撕裂，其實是整個社會要反省，之前做錯了什麼？對於新世代，或者現在30歲以下的人，到底社會給了他們一個怎樣的環境？我經常會想：基因是你給的，教育是你給的，環境也是你給的，所有東西都是你給的，坦白說脫離不到「因」。這個因是香港人一同造成的，無論你幾多歲，這個局面也是你有分造成的。在這情況下，社會撕裂、或者很多透現出來的社會問題，都是因為社會有時忽略了這些問題，例如家庭關係、倫理關係、一些價值教育，全部都做得很差，便衍生了這些很差的狀況。例如價值教育做得好的話，人們便不會這麼向錢看，不會這麼迷茫、感到受壓迫。為什麼人們沒有樓就絕望？因為人們告訴他們一定要有樓，買不起便絕望。但是不是一定要有樓呢？我覺得不是的，不關事的，人生精不精采與有沒有樓沒有關係，只不過社會灌輸一些價值、一些目標，然後目標是達不到的，整件事已經是一種心理上面的迫害。叫你賺錢，多賺些錢，但是你根本賺不到這麼多錢。現在這個社會之中，你想，年輕人只能掙兩萬多元，什麼都做不到，其實是一種迫害。要修補裂痕，我想到的是教育，還有一些輔導、社福界的支援。我覺得，就算當運動完結，贏又好輸又好，贏了有民主自由，但轉了民主自由體制，裂痕也不會自行修補的。

怎樣去處理每個人的問題、持份者的衝突，其實要靠很多教育、很多談判、很多不同範疇。我覺得當他們本身已面對很困難的處境時，我寧願有大規模的支援去幫他們面對這些處境。就算多建些樓宇也幫不到他們的，因為他們面對的問題不是有沒有得住，而是很複雜的家庭關係、人際關係、價值扭曲這些問題。做不到這一點，他們始終會有不安感，因為那種消費主義、功利主義是沒有盡頭的，你給多少資源他們，其實都不夠，因為心靈的空虛不是錢能填補的。

筆者：你認為你如何才能重拾對政府的信任？

L：坦白說，香港人其實一向都很善忘的，你換了政府班底，他們就覺得有新景象，可以重新信任了。但警察就難些了，我覺得那百分之五十對警察不信任比政府那百分之七十難處理很多，因為問題在既有的觀念、他們自己的態度，還有他們一直以來都不認錯。警察換屆就是解散警隊和重組，但如果在沒有這件事的前提之下，其實是很難重拾對警察的信任。

筆者：你認為截至目前為止，這場運動對你帶來了怎樣的改變？

L：我相信是帶來了新獅子山精神，即在逆境中堅持、在物質與心靈，以及不同階層間守護相助。改善了對香港人一向自私冷漠的觀感。

筆者：你認為這是一場運動，暴動還是革命？

L：這是一場革命，它改革了香港人的命運；改變了人與人及個人和社會的關係。

筆者：你認為香港的核心價值是什麼？如何保留？怎樣發展？

L：我覺得是要重塑香港核心價值的，以前說法治民主什麼的，我覺得不是真的。你問我獅子山下精神有沒有法治民主？其實沒有的，但更加有一種人民互相關心及彼此尊重那種關係、連結。你問我什麼是香港核心價值，人們經常說是法治民主，但問題是很少人知道法治民主是什麼。所謂核心價值，很多人都是其他人告訴他們，然後便有這個信念，如此而已，其實並不清楚這是什麼。你問我香港核心價值是什麼，我覺得可能是一些如互相關心及彼此尊重。

筆者：你認為香港未來的社會運動會以什麼方式進行？

L：我覺得未來的社會運動會多一些去中心的形式。因為社會運動，尤以2014年的例子最典型，就是民眾的自主性其實不高，大部分人都是聽某些學運人士如學聯組織的號召去做些行動，而不是自發做些事。但現在來看，區議會選舉又好，遍地開花又好，多了些地區力量，這些力量可以集結，可以分散。以從前經驗來看，這是沒有辦法分散的嘛。但現在來看，地區力量可以集結，可以分散，亦可以隔區支援一個地區議題。未來的運動形式將會更多元化。以前如果反對一件事，例如說我反對網絡廿三條，就會網上聯署什麼的。但可能現在會遍地開花。可以這樣想，現在如果有不合理的事，把議題推廣至不同階級和層面，可以產生比以前更大的阻力，去阻止人民不希望通過的東西。

筆者：你幻想香港未來的景況是怎樣的？

L：理想前景其實沒有，香港人要自己決定前景。我覺得維持一國兩制是沒有問題的，香港人主權也不是真的這麼重要。如果中央政府保證香港應有的高度自治、港人治港，我覺得是可以接受的。因為本身《基本法》承諾港人自治。2047年的期限不要成為期限，要變成永久性。香港要成為真正的自治區，主權在中國也不成問題。因為我本身對一國兩制這個框架沒什麼特別大問題，我覺得最重要是讓香港人能高度自治。你說國際地位，能保持原狀也沒什麼問題。保持香港特別行政區、香港特別自治區，什麼都好啦。但如果說到開始不承認香港的獨特性、當成中國一個城市，這當然不是我未來的展望。如果說香港獨立成國，其實我自己沒怎麼想的，因為我覺得在這階段講獨立是太早了，太多複雜問題要處理，所以我並不展望這件事先發生。大家要建立一個成熟的政治制度，然後管理，政策模式是大家真正想要的情況，民主體制成熟運行時，之後再談能不能一起決定共同命運吧。

結語：我對這次社會運動的理解

自6月9日至今，這場反修例運動已持續了六個月了。警方共拘捕近5,980人，被捕學生累積逾2,380人。是什麼因素驅使示威者，特別是年輕人，不怕犧牲前仆後繼的，堅持要求政府回應五大訴求？回望這六個月所發生的事，運動是在不斷演變。示威者所追求的目標，由反修例到反政府；表達的方式也從和理非進化為和勇合作，且示威者所用武力也隨著警方加強武力而不斷升級。針對的目標也從最初撤回條例，到特首下台，到現在警方的暴力。但其實抗爭的內在動力一直不變。從政治哲學的角度來看，是人民一直未有改變對美好生活的追求。什麼是美好生活？不同人可能有不同的理解和追求。但社會群體對美好生活的理解，是確立人們的價值追求、行為規範和建構人民身分的基礎，是衡量管治者的好壞的標準。如亞里士多德所說，古希臘人認為美好生活是實踐智性和倫理美德。管治者應以此為施政目的，讓人民能成為有德之士。

那麼港人追求的美好生活是怎樣的？這可從近年來所講的香港核心價值反映出來。「自由民主，人權法治，公平公義，和平仁愛，誠信透明，多元包容，尊重個人和恪守專業。」（香港核心價值宣言，2004）這也是一國兩制要保障的價值，這些價值使香港有別於其他中國城市。九七回歸前，香港雖沒有民主，但有自由；社會縱然有不公義，但有法治保障人權；雖然貪污舞弊未被完全杜絕，但廉政公署是香港誠信透明的保證。然而，近年中央政府不斷強調對香港的全面管治，使香港的核心價值逐漸被蠶食。中央政府希望在經濟發展保持香港的國際金融中心的地位，但在政治上，則收緊言論自由，壓抑反對聲音。例如令傳媒自我審查、DQ泛民議員；更有如銅鑼灣書店事件的跨境執法，以及人大對議員宣誓的釋法，對香港的高度自治和法治構成重大打擊。甚至八三一政制白皮書宣佈限制提名特首的普選方法，使市民對民主普選行政長官的期望落空。在廉潔上，政府偏袒涉嫌貪污、僭建、囤地的官員。經濟上，雖則香港仍是國際金融中心，但施政向財團傾斜，形成壟斷，使市場不再自由。國內自由行旅客不錯讓市面經濟表現蓬勃，但對民生的滋擾，令市民大眾

反感，加劇中港矛盾。這個表面繁榮穩定的正常秩序，好像仍然保持昔日面貌的香港，事實上已失去她的特色，內裡隱藏著重大危機。

過去香港人予人印象是不理政治，只顧賺錢。理由一方面是求生存，追求物質享受是主流價值觀，另一方面是「理也沒用」的無力感。過去回歸前，還相信殖民政府會為市民著想，於是雖然沒有民主和社會有不公義，仍會接受現實，把握有限空間為自己及家人打算。

但眼看特區政府近年只顧中央，不理港人利益和訴求，在這次反修例運動中，市民不想再啞忍，要清楚表達自己的聲音，爭取心目中的美好生活。雖然運動的導火線是修訂《逃犯條例》，但運動的方式、針對目標、訴求及策略因應情況發展不斷進化。真正動機或動力逐漸浮現，就是追求有尊嚴的生活。政府漠視民意，對為數百萬的反對聲音充耳不聞。是政府官員高傲，更是對市民的歧視和不尊重。運動從起初便擁有道德感召力，是因為六一二當日，市民面對政府和親建制議員把持立法會，將要粗暴地通過這充滿爭議的條例時，感到無能為力，一群年青人不怕犧牲，勇敢地阻止立法會如期開會。當日年青示威者被警察打至頭破血流，仍勇往直前抗爭，這份為正義犧牲個人的精神和行為感動不少成年人。在年青示威者身上看到人的尊嚴所在。到今天仍有不少成年人說是他們虧欠了年青一代。在一些調查訪問中，年青示威者都知道所爭取的訴求和目標，是很難或根本不會成功爭取到，但不自由，毋寧死。他們相信自由及捨生取義的德行是作為人之為人所要爭取和展現的。所以他們寧願付出被捕和會判十年刑罰的代價，仍要爭取理想的美好生活。這不是政府給予一些小恩小惠滿足個人利益，便能令他們停止的。

反修例運動已徹底衝擊過去表面繁榮穩定的秩序和文化，香港已不再一樣了。我們不能掩耳盜鈴說要回復正常。過去的正常實在是不正常。時代革命真的發生了，新香港已開始形成。你看市民齊心一致唱《願榮光歸香港》，神情嚴肅如唱國歌；過千不認識周梓樂同學的市民，用上兩三小時排隊往靈堂拜祭，表現出彼此分擔著共同命運。對五大訴求的堅持、民主自由的肯定、不言而喻的手足情，這些價值正在逐漸形塑新的香港群體。正如被訪者所說新的獅

子山精神已開展。談到2047年的願景，新群體並不是要追求獨立，他們只是想爭取按《基本法》實行的一國兩制，真正讓港人治港，享有高度自治。經過這運動的衝擊，2047年願景取決於如何整合新舊精神和美好生活的理想，運動讓人看到人性美善，同時也看到人的軟弱和醜惡。這在不同陣營都有出現。我們不能過分美化或浪漫化這場運動。事實上社會是從未如此撕裂，市民對政府和警方失去信任，各人身心受傷淌血。假若雙方都自以為是，堅持單一價值觀，香港前景不容樂觀。對話、真相、寬恕及和解之路仍然漫長。

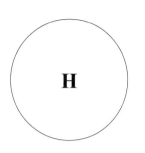

威權主義與普世價值的拉鋸

2019年下旬，改變了很多香港人的人生軌跡。有人面臨十年監禁的暴動罪；有人因政見和家人關係破裂，被趕出家門；有人因為社交媒體上的說話而失去工作；有人離奇死亡……面對種種不樂觀的變化，身為香港未來持份者的年青人，對現在發生的事及將來有什麼看法？

我的受訪者H先生（化名）是一位24歲的年青人。九七回歸時，他才2歲。大學畢業後，找到一份不錯的工作，收入穩定，放假會到處去旅行，過著想要的生活。自6月開始，他積極參與反修例運動，緊貼運動的消息，一有空便會參與集會和遊行，還會到連儂牆貼文宣。有一次約了朋友到連儂牆一起貼文宣，但就在前一個晚上，有女記者在連儂牆遇襲，重傷入院。第二天他們去同一地方貼文宣的時候，有路過街坊提醒他們要小心。我問，你不害怕嗎。他說，「怕啊。但施襲的人就是想我們害怕，不再出來。想到這裡，就覺得無論如何也要出來。」

從支持反修例運動變成對抗政府威權管治

H先生認爲《逃犯條例》修訂會破壞香港法治，所以參加遊行表達訴求，希望政府可以像2003年般，在大型遊行後撤回惡法。可惜，政府在二百萬人遊行後仍硬推修例，即使最終在9月撤回，但社會運動已一發不可收拾。

H先生覺得中港矛盾是這場運動爆發的主因。而這種矛盾是源於中國和香港人對「一國兩制」的執行目標不一致。中國追求「一國」，而香港人著眼於「兩制」的實行。《逃犯條例》的修訂正正反映了中國對香港日益緊縮的控制，想伸手干預香港司法，藉此加強「一國」的管治。

然而，港人對中國政府以及其司法制度的不信任激發起強烈的反抗。犯法的人理應受到法律制裁，引渡逃犯是理所當然的事，但一涉及中國，事情就變得不可信。銅鑼灣書店店長李波、桂民海、李旺洋、王全璋，全是香港人熟悉的名字，他們正是活生生的例子，都代表著中國政治黑暗及司法不公。香港人唯有奮力對抗惡法，而政府執迷不悟的態度引起了社會上更大的衝突。

畢生銘記的一幕

H先生憶述6月12號的情況：「本來網上號召12號圍堵立法會，阻止議員開會通過二讀。但11號晚上已有很多人到現場。第二日一早我和朋友坐頭班車去支援。到達的時候，人很多，很混亂，氣氛緊張。然後一直與警察對峙。直到中午，現場沒什麼事情發生，我決定到銅鑼灣買些裝備和物資。但一回去放下物資，就放了第一顆催淚彈。大家都很恐慌，有個伯伯昏倒，要即場做CPR（心肺復甦）。當時沒想過會放催淚彈，現場沒有衝擊，只是在龍和道有少許堵路。在人群中放催淚彈，大家都爭相走避，場面好震撼，彷彿眞的要開戰。之後二百萬人就出來了。」

香港自此變得不一樣

H先生：「其實在6月反修例運動前，我身邊的朋友很多會在周末北上吃喝玩樂，普遍接受國內的事物。如果一切如常，大概到2047年中港已經融和。但反送中運動是一個轉捩點。」

香港人一直都被認為是政治冷感的「港豬」。但經過這次事件，很多人了解到民生和政治是不可分割的。生活上所有事情都和政治有關。上至樓價，下至食水，一切都離不開政治。

「對我來說，這場社會運動是一場革命，是思想上的革命，令香港人有公民意識，更令香港人變得團結，自我身分認同變得強烈。市民渴望光復香港，希望香港可以脫離中共操控，變回一個真正能夠安居樂業的地方。」H先生說。

而公民覺醒過後，要真正為社會帶來改變，是需要民眾的參與。近年，很多公共政策都是以中國及新移民的利益為優先，而各項「大白象」基建項目、「小白象」社區建設，更有與內地商家利益輸送之嫌。這次運動就是改變現狀的機會。

「我比以前更加關心社會，會挺身而出維護認同的事情，亦會參與社區事務，希望透過監察政府，令公職人員自我警惕，不要再做任何出賣香港人的事情。」的確，在新一屆區議會第一次會議，很多市民到現場旁聽，希望能發揮監察的作用。雖然只是一小步，但至少市民開始意識到公民的義務和權利，表達意見，積極參與社區決策。

和家人朋友的關係與社會的撕裂

很多人因社會運動令朋友和家人的關係變差，但H先生的情況比較幸運。反而有機會藉著這場運動修補和朋友的關係。原本不和的舊友變成同路的手

足，知道對方參加抗爭活動會互相關心問候。H先生的家人雖然理解抗爭的原因，但害怕發聲，表示「鬥不過共產黨的」。甚至在國內居住的親戚也明白香港人反抗的必要，支持運動的理念，但在牆內實在沒法公開表態。

但對於社會的撕裂，H先生認爲是沒辦法修補的。「實在沒辦法和那些撐警、撐政府、盲目愛國的人溝通。」沒法溝通，又談何修補。黃藍之別不只是政見不同，而是有沒有良知的差別。或許，要待有眞正的勝利，才能淡化分歧。

運動的目標

我問，如果政府願意談判，你能接收什麼條件？H先生堅決表示：「五大訴求，缺一不可。絕對沒有讓步的空間。更要重組政府及解散警隊，政府官員要問責，警察要爲自己做的事情負法律責任，嚴厲懲處犯法的警員。」除了五大訴求，「解散警隊」亦是經常聽到的口號。警察不合理使用暴力、對被捕者施暴、選擇性執法、縱容黑社會，種種不公不義的行爲，亦是令抗爭者堅持下去的原因。「如果輸了，他們便不會受到制裁。」

H先生：「中國共產黨倒台是長遠的目標。在一國兩制的基礎下，如果特首能以香港人的利益爲首位，便不會弄至現在的僵局。換特首並不是一個長遠解決問題的方法。落實雙普選才能眞正保障香港人的民主和自由。但以現時中國的強硬態度是不會作出讓步的。所以只有中國共產黨倒台，香港才能實現眞正的民主。」

社會運動的模式

超過二百多日的社會運動，已到達瓶頸。大量抗爭者被捕，行動難以再升

級。而近日警方採取大圍捕的策略，令和理非的遊行亦有被捕的風險。H先生認為，以後可能會有一些快閃式的街頭抗爭行動，但街頭抗爭未必會再成為社會運動的主線。真正能夠威脅中國管治的是國際線和經濟戰。

刊登於海外報章的文宣，及各地傳媒對於香港抗爭的報導，引起了國際關注及全球聲援。加上海外港人游說團體HKDC（Hong Kong Democracy Council）的努力，成功推動美國國會通過《香港人權及民主法案》，其後意大利國會也通過聲援香港示威決議案。民主和自由是普世價值，只有獨裁的政府才會背道而馳，而事實上中國的強大亦對其他國家的自由構成威脅。「如果有更多國家通過針對中國的人權法，向中國施壓、杯葛和制裁，中國政府才有機會對香港讓步。」

除了國際線，經濟戰亦很重要。「香港人要習慣從日常生活中抗爭。例如罷坐港鐵、罷買中資店舖、杯葛親中撐警商店、光顧有同一信念的店舖，建立黃色經濟圈。可能會對生活帶來不便，但消費取向亦可以是政治表態。」雖然黃色經濟圈被批評為損害香港營商環境、畫地為牢，甚至經濟港獨，但黃色經濟圈的形成能反制一直存在的紅色經濟圈，以道德消費建立黃色鈔票的力量（等同粉紅鈔票和彩虹經濟的理念），以金錢表態，構成抗爭陣營的團結和凝聚力。

對未來的展望

「我對香港未來的想像是樂觀的。中共大勢不會長久，中國資金外逃，經濟衰退，其他國家不會再因經濟利益靠攏中國，反而會支持香港脫離中國。香港會成為一個自主獨立城市，經濟上除了金融業，還可以繼續發展船運和高科技產業。」

「香港核心價值是自由。包括言論自由、思想自由、集會自由、免於恐懼的自由、自主的自由……很多香港人已經醒覺，大家都因為愛護這個地方而

connect。希望以後會一齊努力，維護自己的文化和捍衛本土的權益。當自由受到干預，要站出來向極權說不。更重要的是，培育下一代認識香港的文化，增強他們的本土意識，不要被洗腦。」要自由地生活，背後需要很多社會建構，例如良好的法律制度、生活的空間、人權的保障、人生安全的保障。當這些基礎建構被侵害，等於破壞香港人的價值觀。要繼續享有自由，就要香港人一齊抵抗入侵。

總結

　　這一代的年輕人沒有經歷過英國殖民地的管治，九七回歸時他們很多都未出生，有的可能只有幾歲。一開始，他們對中國的統治沒有什麼感覺，但他們經歷過一國兩制仍良好運作的時代，眼見「兩制」逐漸拉近、政府施政親中、司法偏頗，知道要守護本土就要反抗，然後就開始了無休止的抗爭運動。在位者說年輕人不是社會的持份者，更有人說年輕人是被放棄的一代人。但在這場運動中，我們看到年輕人的活力、創意、堅持，雖然這場仗的勝算很微，他們孤注一擲，以自己前途作賭注，希望換來香港的前途。

　　「一國一制」絕對不會是年輕人能接受的將來，自主自決才是他們的取向。如果香港政府不想失去這代人，甚至接下來的幾代人，請信任年輕人、聆聽他們的聲音去執政。年輕人的存在，才會令社會有出路。他們才是社會的重要資產。

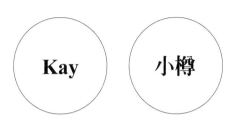

我們要交一個
理想的香港
給下一代

　　約小樽（化名）參與訪談，他要求跟他的摯友Kay（化名）一起接受訪問。兩人是知心好友，大多數時候一起參與「反送中運動」，小樽希望二人可以一起回顧過去六個月的進程，所以我們進行了一次小組訪談。

　　Kay和小樽是大學時的同屆學友，年紀相若。未曾相識前，兩人各自有一些相近的思想意識，可能因此特別投契。問他們最早何時開始關注政治時事，他們不約而同地回答是中七那年參與「反國教」運動，大學時因為「上莊」（參與學生組織），兩人分別都曾於2014年參與雨傘運動，Kay更曾購置頭盔、眼罩、柔道護踭等裝備，準備參與前線的行動。2014年至2019年間，他們形容為香港政治的低沉期，小樽曾沉迷於觀看大陸的電視劇，Kay則感到迷惘、壓抑。直至反送中運動，令這兩個年青人再次走在一起，參與重建理想香港的社會運動。

「反送中運動」重新激發動力

筆者：你們第一次參與反送中是什麼時候？

Kay：6月9日之前我參與聯署，主要在網上幫手和動員身邊的朋友加入聯署。直至6月9日那個晚上才真正走出來。

小樽：其實雨傘之後，老實說，中間有一段時間我很抽離，因為雨傘結束得太令人傷感了，那句「We will be back！」我一生都會記得，我們真的會再回來嗎？由雨傘結束至2016年「魚蛋革命」這段時間，我一直抗拒看新聞，即使有DQ議員及其他立法會事件，我一直保持冷漠。直至近兩年，因工作關係我接觸到很多人，感覺到社會還是有希望的，只是大家都怒其不爭，卻保持著關注，也有人想做些事，只是沒有出口，積存的能量到6月9日一下子爆發出來。

筆者：既然對政治感厭惡、無希望，是什麼令大家感到重新有希望？

小樽：我記得我們一起參與5月那個十三萬人的遊行，Kay一句說話令我印象深刻：「唏，可能今次是最後一個遊行了。」不單只那一次，即使之後每一次遊行我都覺得可能是最後一次了。為何我們看不見成功的希望但仍然要繼續做呢？我有一個強烈的感覺：如果我少做了什麼，然後出現不好的結果，我覺得自己要to be blamed。

筆者：通常灰心與消極是連在一起的，但你們沒見到希望，卻仍然要堅持下去，這是我聽到的第一個矛盾。這場運動沒有英雄，大家不會吹捧個人的影響力，而你提到若自己少做了一點點，便要負上責任，究竟個人是重要還是不重要？這是我聽到的另一個矛盾。

小樽：我在臉書上見過一張文宣圖，很有趣的。有一個人的銀行戶口裡有二千萬元，即是他有二千萬個一元，如果每個一元都覺得自己沒用，都跑掉了，那麼那個戶口最終只剩下零元。一個人就好像一個一元那樣，如果你跑掉了，他也跑掉了，每個人都這樣想的話，運動便會無法繼續下去。

筆者：我覺得這想法很厲害，我們那代人之中也有類似這種「一元」概念，每個人只是社會裡的一口螺絲釘，但我們沒有那種「to be blamed」的想法，這句說話令我很震撼。我們那一代會覺得今日不成功，便等將來再努力吧，不會想是自己做得不夠、甚或沒有堅持下去，要爲失敗的結果負責。我們沒有你所說的這種強烈的承擔感。

Kay：過去香港幾十年來，建立了不少我輩年青人不願意接受的東西，可能上一代人很努力地建立了很多東西，但隨著時間，有些變了質，有些染上大陸的色彩，這是年青人不願意接受的，可是發聲的渠道愈來愈少，年青人的聲音沒被聽到，累積的能量便一次過爆發出來。再者，承接他那個一元的比喻，爲何我們這個一元沒有離開？因爲有比我們更細小的一元，我們今年26歲，但那些13歲、14歲、15歲的，他們沒有離開的條件，他們沒有BNO，只能繼續在香港生活下去。我們明白他們看不見希望，可憐的是，年紀愈小、希望愈小。他們會說：「你們這些大人動輒講移民，我看不起你們啊。」可能他們的論述能力不足，但感情卻很強烈，比我們更加熱愛香港，所以會走上街頭參與抗爭，要打爛不想要的東西。

重建理想的香港

筆者：那麼，我們先談談「先破後立」的說法吧。香港有什麼東西變了質，是你們不願意接受的？

Kay：現在香港的東西都好像不屬於自己，例如TVB，它曾經是香港人的電視台，但現在已經不屬於香港人了；又例如，大財團壟斷下，年青人連擁有一個屬於自己的房間都沒有資格；香港已容不下我們生活中的細節，例如，自由行、水貨客，街上愈來愈多藥房、人民幣兌換店，只要你講得出的東西，都不是服務香港市民的。港鐵沙中綫只聽到要延期、要超

支，許多工作崗位被換血、被赤化，生活中只有令人沮喪的事，卻沒見到屬於自己的明天。我們是想借這個運動重建屬於自己的社會秩序。

筆者：那麼，什麼東西是香港人應該擁有的？

Kay：年紀小的，他們沒想得那麼深入，他們只知道支持香港人的公司，他們會支持；不支持香港人的公司，他們會罷買、甚至破壞。一個很簡單的願望：希望可以在生活層面表達自己的意願。至於什麼是理想的香港，心目中未必有清晰的圖象。

小樽：說起來也不容易。香港人從來都沒有權作主，歷史上、文化上，一直活在殖民統治者手下，先是被英國統治，回歸後被中國統治，香港人從來都不是「老闆」。我覺得區議會是重要的，因為它是由下而上的制度，只要它是由香港人投票產生，它便會聽香港人的聲音、做香港人需要的事。區選前後，大家都很興奮，論壇上、臉書上、甚至朋友間閒談，都覺得可以由自己設計、想像心目中的社區。這是第一步，香港人可以擁有屬於自己的香港。

Kay：所以有「光復香港」這句口號。

參與反送中歷程

筆者：我想聽聽你們參與反送中運動的經驗。過去六個月裡，你們認為自己的參與可以分為什麼階段？可以心態或者行動來描述。

小樽：若以心態和想法來說，我的轉變的確很大。6月9日有一百萬人遊行，當時我很樂觀，認為政府還可以不撤回條例嗎？過去幾年來的低沉心情變得亢奮，6月9日那天我re-activate（重新啟動）自己。豈料到了晚上十一點半鐘，政府發聲明說會繼續二讀，那一刻我立即爆發了，原來這個政府是不聽民意的。6月12日，我深切明白什麼是鎮壓，這是第二個轉變。我明白不能再跟政府講道理了，只有透過行動才可以迫使政府撤回

惡法。7月1日是第三個轉變，心情是震驚，當時有人再往前了。以前警察放催淚彈我便離開回家去，當晚我卻一直守在政總外，然後有人衝入立法會，雖然我沒有進去，但感情卻被不認識的、連臉容也見不著、蒙了面的手足牽扯著，整晚不由自主地淌淚。7月21日，我走得更加前，被一顆催淚彈打中了胸口[1]，正如剛才所說：總覺得每一次可能是最後一次，因為你隨時會沒命、被捕、受傷，一面感覺非常危險，一面感覺與陌生人的情感連結卻愈來愈強，這是很難說得清的感性經歷。到現在，眼淚都流乾了，但情感和行動仍然會繼續下去。

筆者：這是情感的變化，在訴求方面有沒有轉變的過程？

小樽：在抗爭者的角度而言，香港政府不是香港人的政府，七二一那天眼看有人將五星旗丟到海上，這是一個象徵，這個政府已失去了三個世代年青人的認同，八十後、九十後、零零後都不承認中國政府、香港政府的 legitimacy（合法性）。

Kay：那段時間中國政府不斷在講說話，在大陸開記者會，全是極離地的語言。本來運動的口號是「五大訴求，缺一不可」，七二一那個晚上大家喊出了「光復香港」的口號。

小樽：那天晚上我只戴著普通的3M口罩，卻第一次到中聯辦，第一次中催淚彈，上環站是民居，防暴居然肆意放催淚彈，我親眼見到一家大小、老老幼幼的，從地鐵站出來便是滿街催淚煙。催淚彈本來是針對示威者的，現在是不理市民的死活。

筆者：你們是什麼時候開始全副裝備出動的？

Kay：我忘記了，可能是七二一。

筆者：什麼事令你要提升裝備？

Kay：6月9日我還是輕裝，白衣、沒有戴口罩。雨傘時有人說戴口罩就是

---

[1] 7月21日小樽的胸口被催淚彈擊中，幸好子彈觸碰到他的身體後彈開了，沒有在他身上爆開，小樽只覺痛了一下，沒有受傷。

「鬼」（臥底），反送中時有人叫大家都要戴口罩，因為有警察在拍攝示威者的樣貌。6月9日那晚大家穿著白衣，黑暗中好像螢火蟲般光亮，在添馬公園的草地上被警察追捕、在暗角被偷襲，後來大家全改穿黑衣。到6月12日，我大清早到達金鐘，身上沒有裝備，只有口罩，因為站得很前，是與防暴面對面的前排，於是在地上隨手拾起一個頭盔，然後拿一柄長傘，仍然戴著那個3M口罩。到7月1日，我已經戴豬嘴（防毒面罩）、眼罩、頭盔；7月中沙田遊行，當時我已經是全副裝備了。

小樽：我6月9日沒有口罩；六一二有口罩，是被人迫著戴的，因為遠遠都聞到刺激的氣味；到六一六、七一在「煲底」，我也沒有戴頭盔，只有口罩，七二一才有一個黃色的地盤頭盔和一個N95。那天晚上中彈後，心想：Shit！我以後都要上好裝備了。8月5日第二次「大三罷」，我終於全副裝備，是從朋友處拿過來的豬嘴、眼罩、頭盔和手套。

筆者：你是不是預測到會有事發生？

小樽：當日我帶著一個只有15歲的少年前線，目的是照顧這位衝動的少年。於是左手拉著小朋友，右手拿著相機，我衝到前面，那是跟「滅煙」同一排，即前線後面一排。我想自己有責任記錄這場運動，我對藝術和創作一直充滿興趣，運動開始時想記下有藝術性和創作性的抗爭手法，主要拍攝標語、標記等。之後發現藝術媒體只在後面發揮作用，於是想記錄前線的行動。後來我再往前一步，做掩護示威者的角色，例如有個戴著燒焊手套做滅煙的，我就在他旁邊，撐傘為他擋催淚彈。其實衝上前線見到什麼就做什麼。

Kay：我的心態與幾個重大日子有關。6月9日有一百萬人上街，晚上十一點多在「煲底」，政府宣佈不會撤回條例，現場非常躁動。整晚被警察追捕驅趕，曾經見到添馬公園的公廁外一群人被圍困，無法逃離現場。那天後曾擔心市民不認同示威者的行動，令到運動無法持續下去，幸而那天開始有「不篤灰、不割席」、「齊上齊落」的論述。

　　6月9日至6月12日，連登的輿論非常活躍，那幾天我處於高壓狀

態，一直留意電話上的訊息。六一二第一班地鐵便知道很多人出來了，車廂裝滿穿著黑衣的人。我們是頭幾排到達「煲底」的，我心情卻很冷靜，還拖著一個很驚慌的女孩，可能因為她的男朋友想衝到前排。很快就吸到人生中最濃烈的催淚氣，因為當時沒有裝備。曾經進過中信大廈，有人在三樓喝咖啡，下面有人在咆哮、洗眼，樓上樓下好像是兩個平行的時空一樣。

6月15日梁凌杰自殺，凌晨十二點從家裡跑去太古廣場，已經有很多市民在獻花，不少人哭成淚人。之後每聽到有人自殺，我們都去現場獻花。到七一，梁繼平是我們的大學同窗，正如他所說，每一刻都是道德選擇：選擇做什麼、不做什麼？就算臨出門那一刻，去抑或不去？帶裝備抑或不帶裝備？做前線抑或做後防？這個人做的事我要不要幫忙？要不要進立法會？都有不少心理掙扎。最後我選擇在立法會外面，看著裡面的手足，見到有人走來走去，心裡是連結著的。「共同體」的意思是即使是不認識的人，你也會感受到他的痛苦、高興，他做什麼你都是一起的。

理大事件

筆者：聽說你們有朋友進過理大被圍困，情形是怎樣的？

小樽：星期日那天有朋友說要送物資進理大，我因為小病沒有參與，晚上收到短訊，加上新聞報導，整個人差點崩潰了。立即與一位有車的朋友，計劃從佐敦到理大正門。約九點半在天文台道，有不少人想從天文台道出漆咸道南再進理大，結果遇上催淚彈放題。不久有新聞說警方讓理大內的人從Y core（理工大學其中一處對外連接的區域）出來，我覺得絕對不可信，立即通知他們千萬不要相信，如我所料，出來的人立即被捕，竟然是一整隊義務急救員。當晚在外圍兜來轉去，從旺角、油麻地、佐

敦至尖沙咀，你從未見過每個角落都有防暴警察，我回想起七二一的「無警時分」，我真想對這班人講粗口。半夜時分無奈地回家去，我差不多每小時都發一次訊息，要確保他們還在線上，若果他們不在線上，又沒有被捕的音訊，你可以想像處境是多麼惡劣。

筆者：**你是擔心他們被捕，抑或被警察虐殺？**

小樽：兩者都有。他們定必正躲在理大某處，若被警察發現，只會「被消失」，會有生命危險。大清早我再出動，親眼目睹正門水池上有示威者被捕，被防暴瘋狂打至頭破血流。我整個人更失魂落魄，然後八點多收到他們已成功逃脫的訊息，立即癱軟在地。

　　經過這幾個月，我時刻擔心隨時可能失去身邊的親人。

　　我看到警方對待示威者的態度是，誓要把你圍至斷水斷糧、精神崩潰。究竟警察是要驅散示威者？抑或要困死示威者？為何可以圍困一個大學十多天？這遠遠超越了香港人的底線。試想想，三個警察圍著一個溝渠蓋是何等荒謬的事；為何示威者要爬沙井、坑渠，人寧願死，都不願被捕，證明大家對政權已完全失去信任。

對堵路、破壞交通、迫人罷工的看法

筆者：**剛才講及中大事件時，你們提到是為了保衞大學校園，但有沒有想到警方和學生的衝突是源於有人於二號橋投擲雜物，目的是堵塞吐露港公路？警察是為了執法、維持社會秩序才佔上二號橋。**

小樽：我有思考過這個問題。我亦認為示威者的行為不是絕對正確，可能我的思想是最「和理非」的一個，我一直希望可以透過和平、理性的方法解決問題。但是，事情已發展至令大家絕望，有人死了，有人被打爆頭、射爆眼，為何香港人仍然會如常上班？既然你如此熱中上班，我偏要阻你上班。

筆者：但是11月11日當天你們兩位都有上班啊？

小樽：其實我心裡非常渴望可以罷工，可是因為工作有死線要趕，有責任在身。

Kay：我都明白不是只有我們兩個才有責任在身，其他人都需要為他們的工作負責，不過我知道身邊的朋友都想支持運動，只是沒有主動罷工而已，所以堵路是為了使大家被動地罷工。我常想香港是否可以像西方國家那樣可以有大規模罷工？可喜的是，現在有人正在積極地組織工會。

筆者：**我聽到Kay比較接受堵路，以破壞交通的方法使大家無法上班；而小樽對激進行動有矛盾的心情。是否「不割席」的原則阻礙了大家提出異見？**

Kay：我要補充一下，我贊成堵路，前提是不能傷害人，包括「私了」、「裝修」。如果可以的話，大家都希望遊行可以影響政府政策，用一張選票更加方便省力。但現實是政府一直拒聽民意，我們理解前線的情緒，只要他們不會傷害到人，我是接受的。

筆者：**如此說來，運動的自我調節機制非常重要。今次大家做了這件事，自我學習能力使大家學懂下次不要重覆做得不好的地方。**

Kay：我記得理大事件是有反省機制的。兩、三日後已有人問理大發生什麼事？為何無法撤離？什麼地方做得不好？大家談到不應再打陣地戰了。我覺得香港人自2014年佔中運動後，對守著一塊地方有情意結，但你不能事後孔明地說預知會失敗，非常重要的是，要試過才可說這是行不通的，我們需要不斷嘗試和學習。

為更年輕的下一代著想

筆者：**剛才聽到你們不斷提到下一代。你們都只是20來歲的年青人，怎麼會談到要為更年輕的下一代著想？**

小樽：我們說為了下一代，因為追求理想的香港，不只是講這一代，我們要交

一個理想的香港給下一代，這樣，香港人的身分認同才能持續，如果我們說「光復香港」，爲香港重新注入香港人的文化精神，這套文化精神必須可維持十年、二十年、三十年，才可以培養出這個地方的身分認同。

Kay：因爲上一代沒有爭取到、或者沒有盡力爭取到、或者爭取不到，所遺留下來的亂局令這一代承受不了，我們是否要將這爛攤子再留給下一代？身邊有些朋友正談論，在這亂局下還有沒有信心生兒育女？這樣的香港，你叫十來歲的下一代如何面對？老實說，若果只是爲了自己，或許我會選擇移民，可能我尚有一絲離開的機會，但下一代還有什麼選擇空間？

運動的前景

筆者：接下來，你們認爲運動的發展前景會怎樣？有沒有可能透過談判達致和解？

小樽：沒可能。若要和解，政府應停止所有激進行爲。例如，林鄭一邊「和你傾」[2]，然後防暴將一箱箱子彈、槍械送進伊館，連做做樣子也只做一半。

筆者：那麼，政府應該怎樣做？

小樽：做錯事的人必須付出代價，承擔責任。

筆者：但未有獨立調查委員會，政府如何問責？

Kay：所以有人直接叫「解散警隊」，並且要求整個問責班子負責。

---

2 9月26日特首林鄭月娥在伊利沙伯體育館與香港市民進行過一次公開對話，之後在其個人臉書上辦過所謂「和你傾」的線上對話。九二六當天警方在伊館內外嚴陣佈防，對附近聚集的群眾發射催淚彈。

小樽：持續令社會不安，居然一個問責官員都沒有下台，這是極不合理的事。

筆者：「解散警隊」是什麼意思？

Kay ：立即解散速龍小隊。

筆者：我看不到這些事會發生的可能性。你們是否也有同感？

小樽：所以一開始我便斬釘截鐵地說沒有對話空間。

Kay ：大家眼見雨傘時的談判有什麼結果，與林鄭對談的學生全部被捕。其實公開的談判是沒有用的。

筆者：這樣的話，你們估計運動將會怎樣走下去？

小樽：我相信將來是示威、示威、示威，各種示威行動延續下去，兼且程度會升級。我覺得需要繼續國際戰線，開始時大家不相信國際線搞得起，結果你會發現原來中國是一個四面樹敵的國家。做國際線是令中國實行專政時增加成本。

Kay ：這是一場博奕，這個威權國家靠什麼去維持的呢？它容不得別人挑戰其權威，便要付出高昂的成本去制止別人挑戰它。

小樽：意思是，中國這個極權國家，為了維繫內部的平靜，它必須在世界面前保持威勢，對內便要使用強硬手段，否則對它虎視眈眈的人會趁它出現頹勢時乘機撲上去。

Kay ：我希望有生之年可以見到中國經濟崩潰，等它再沒有資源、能力去維持威權，維穩費、軍費都需要高昂成本的。

筆者：中國變成弱國對香港有什麼好處？

小樽：回顧歷史，所有現代化的過程都先要民不聊生、社會不滿，人民為追求更好的生活便會推動現代化的進程。中國的現代化，只重經濟，靠「篤數」、全民大煉鋼，做一個虛假的現代化。現代化不應只顧經濟、科技、人面辨識等技術，我們要求完整的民主制度。

香港人的核心價值

筆者：最後，我想聽聽你們對香港的核心價值有什麼想法。

小樽：我認爲是新的獅子山精神。舊的獅子山精神是靠自己、默默耕耘。新的獅子山精神同樣要耕耘，但耕耘不單只爲自己，還要爲更大的追求。你的存在除了爲眼前的生活富足、免於恐懼的環境，你還想將這種富足和免於恐懼的自由交到下一代手裡。

筆者：即是要有承傳。你講到老一代耕耘，一下子便跳到你這一代，中間還有一代曾經堅持「民主、人權、自由、法治」是香港的核心價值。

小樽：我覺得這些都很重要，但當時是在英殖時代，回歸之後在中共政權統治下，「民主、人權、自由、法治」受到很大制肘。我記得一個很深刻的訪問：石永泰講以前香港沒有民主，只有有限度的自由，但香港講究法治精神、司法獨立。可是，在一國兩制下，法治難以保持獨立，中共政權習慣了三權合作，若三權分立令行政綁手綁腳的話，它便會將三權統合起來。我時常覺得奇怪，《基本法》條文保留了英殖時代用來壓制香港人的條文，然後加上人大釋法，然後又新增監控市民的條文，例如這次《逃犯條例》。在目前這個建制下，這些問題都是解決不了的，所以我們追求的是改變這個專制制度。

筆者回饋與反思

以世代而論，筆者是六十後，Kay和小樽是九十後，若以呂大樂教授的「香港四代人」而言，筆者來自「第二代」，Kay和小樽是屬於香港學者尚未論述的「第五代」。因此，筆者在這個訪談裡不斷受到「世代衝擊」。

Kay「責備」上一代沒有或沒有足夠努力地建立理想的香港，讓生於這一代的年青人要承受惡果。筆者對這說法並不陌生，放在今次訪談的脈絡下再次

聽到，明白年青人所指是「一國兩制」沒有真正落實，由英殖時代遺留下來的《公安條例》未曾受到足夠挑戰，使警權在毫無制衡下肆意妄為。簡單地說，香港尚未有完整的民主體制，造成今日的惡果。

作為第二代香港人，筆者只能說八十年代以來的民主運動是未竟之志。面對第五代，真正的世代衝擊是第五代那種堅持的毅力。我們那一代人，民主運動未成功，無可奈何下唯有說不急於一時，對建制以「循序漸進」推諉沒有奮力反抗，以至回歸至今民主不斷倒退。

透過這個訪談報告，筆者希望從Kay和小樽的分享，歸納出第五代香港人對追求民主的一些訊息。

九十後的Kay和小樽啓蒙自2012年的反國教運動，之後的反人大八三一方案、反高鐵一地兩檢、反逃犯條例、反水貨客，一脈相承，正是反抗中央政府高度干預香港、違背一國兩制原則。小樽明言，第二代所講的「民主、自由、法治」的核心價值，不能抽離社會背景來討論，回歸後所呈現的香港現實，反抗中央專制、高度干預香港自治是追求民主和自由的基本方向。

第二代香港人之中有中國民主和香港民主息息相關的信念，但今日的年青人不相信中國民主的可能性，這看法是來自他們所接觸的同齡內地青年，甚至曾受過政治運動之苦的上一代人。在孤立無援之下，來自台灣的支持固然令人振奮，來自歐美西方的支持也同樣重要，即反送中運動中的國際戰線，目的是為中國政府樹敵，使專制的威權政府在鎮壓社會內部的反抗時，必須要付出高昂代價。

這種「攬炒」理論在抗爭者之間廣泛流傳，據Kay和小樽的分析，是比他們更年青、只有十來歲的新一代對人生前景絕望的呼喊。香港是一個移民社會，推動移民潮的一直是抗拒中共統治的心理，自六七暴動以來如是。就年青一代來說，移民是逃避社會責任的行為，沒有能力或不屑於選擇移民、又不願意乖乖就範的，唯有選擇奮起抗爭。

面對政府的強硬和鎮壓，年青一代展望的前景是抗爭、抗爭、抗爭。

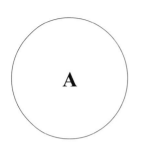

重建社會互信，
珍惜香港國際地位*

*由編輯團隊摘錄自篇章

A（化名）是一位未成年的年青人，他較傾向支持這場社會運動。在六四事件三十周年的夏天，他才第一次參與公眾集會，紀念六四事件；而相隔數天便已展開的這場社會運動，他直至10月才參與一些和平的集會，但他強調運動初期沒有參加，並不代表他不支持，同時亦補充說支持這場運動的人數絕不止於上街的二百萬人，他相信有一大部分人與他一樣，雖然支持但因各種原因未能上街參與而已。

經歷了數個月，包括元朗七二一和太子八三一等事件，他認為警隊濫用暴力、政府縱容警隊的情況已到了忍無可忍的地步，需要發聲。

如何理解整個社會及現在事件

對於這場運動爆發的主因，A認為是反映政府一直沒有處理好種種社會問題如房屋、貧富懸殊等，故此一直得不到市民大眾的支持，而運動的初期，政府也沒有回應甚至不理會市民的訴求，導致愈來愈多人上街表達不滿。

而這場運動中，令A感受最深的，是元朗七二一事件。A憶述當天他看著直播，眼見兩個軍裝巡邏警員在目睹襲擊事件時，非但沒有即時處理，反而視若無睹，轉身便走，令他懷疑警察的職責是否仍然包括保護市民的生命。而事後他亦有關注警方的回應以及政府對事件的態度，他直言已對警隊及政府失去信心，不得不上街爭取公義，以及要求成立獨立調查委員會。

　　對於是次反送中運動自6月起已歷時數個月，A也不知道會延續到什麼時候，但他將繼續支持，期望政府能正視問題，正面回應包括警暴問題以及五大訴求。他將繼續文宣的工作，希望政府、警隊能早日覺悟和改變方向。他認為現時香港人最渴望的訴求是成立獨立調查委員會，以及處理警暴問題。

　　這場運動發展至今，假設能談判而雙方須作一定的讓步的話，A思考良久，但最後仍想不出市民有什麼可以退讓，因為他認為這場運動最初以和平集會開始，發展至今演變成暴力衝突，都是政府一手造成的。市民和平集會的自由不斷被剝削，而警權（包括過分使用武力、濫捕、強推《禁蒙面法》等）卻日益壯大，所以若政府不先作出退讓，市民是無法接受的。

　　至於政府可以如何修補社會上的撕裂以及重拾市民對政府的信任，A認為對話是一個很好的開始，但必須有實質的行動去落實討論的結果才有意義。警民關係方面，他舉例說其實警隊在這場運動中也受罪，警察實在沒有必要因政治命令而冒著違反法律的風險對示威人士進行「私刑」。但他從不同的媒體報導中發現警察在處理一些衝突場面時明顯地違反了某些界線，淪為政府的政治工具，令警隊多年以來建立的聲譽亦因此而斷送。

　　這場運動警醒了受訪者和許多香港人，他說：「我們驚覺原來一個非民選的政府可以如此獨裁，視民意如無物；一支曾經優秀的警隊，可以因為自身的利益而對人民殘暴。」他慨嘆我們的社會為何變得如此這般！

　　對於到底這是一場政治運動、暴動還是革命？A認為分別在於是否牽涉暴力以及時間的長短。他認為運動是一場非暴力、時間可長或短的；而暴動則涉及暴力，時間較短；至於革命，則通常流血收場，而且時間較長。

　　A對香港未來的展望是希望獨立的司法制度這核心價值不要動搖，同時亦

希望保留高度自治以及實現真普選。對於香港未來的社會運動，A希望和平集會的自由不會被剝奪，否則只會逼出暴力抗爭。對於香港的未來，A未有太多的想像，只希望社會可以建立公平的制度、有表達言論的自由、與世界各地接軌得更好以及保持香港原有的文化和特色。

學者分析

年青人對社會事件的掌握或許仍不夠全面，思想仍比較單純，但無可否認他們參與社運的出發點是對於這個香港的熱愛。

因工作關係，筆者在這段期間接觸過不少參與過這場運動的年青人，包括中學生、大學生和剛畢業的同學，現嘗試從不同的角度探究這場社會運動，分析其對香港造成的影響以及探討未來的方向。

「成功」的社會運動

成功的定義很廣泛，當中不少人認為成功與否乃取決於是否成功爭取到一些想爭取的東西。當然，現在距離這場運動想爭取的那五大訴求仍然相距甚遠，然而有不少人認為這場運動在很多方面是非常成功的，包括成功凝聚各方人士的支持，以及引起國際社會的關注。

就策略而言，吸取了雨傘運動的經驗，反送中運動沒有大台，主張「Be Water」，利用現代科技，即網絡平台如連登、Telegram等凝聚共識、發放資訊、組織活動。由於新一代的年青人都屬於網絡的年代，透過即時的收發資訊，他們緊貼事局，迅速應變，不但成功舉辦多場具規模集會遊行，亦成功在短時間內組織多場的快閃活動，將社會運動推向一個又一個的高峰並且延續至今。

這場社會運動的形式多樣化，舉辦活動的主題亦會隨著時局的變化而有所針對，成功令不同年齡層和不同背景的人士都能參與其中。除了遊行集會，還

有銀髮族的絕食、苦行、眾籌、三罷行動、佔領機場、和你塞、光復行動、燭光獅子山、觀星集會、組人鏈、和你lunch等等。活動之所以能得到廣泛支持，其中一個非常重要的原因是大家有一清晰的底線，有著較相同的價值觀以及對是非對錯有較一致的判斷。底線包括對維護自由民主的要求，也包括了對人性、道德價值的底線。

運動初期的和平集會遊行，不論是6月9日一百零三萬或6月16日二百萬人的表態都被政府漠視，至7月1日衝擊立法會後，有數個集會不獲警方發不反對通知書，隨之而來的是一連串的光復屯門、上水、沙田等行動，及至元朗七二一事件，警方的處理手法備受批評，之後十八區遍地開花，不時發生警民衝突。8月開始，一直沉默的金融界以及高舉政治中立的公務員隊伍、醫護界別等等亦輪流公開發聲，表達支持這場社會運動。8月底警察的水炮車出動，至8月31日太子地鐵站的事件，警方在車廂內無差別襲擊市民，令市民對警方的信任度跌至新低。其後9月新屋嶺拘留所流傳出警方在執法期間涉嫌作出違法的行為，以及10月4日政府推行的《禁蒙面法》，更激發起香港人的強烈反抗意識。從那時起，「香港人，加油！」這個口號已變成「香港人，反抗！」而社會運動亦由和平漸漸演變成暴力，「私了」情況愈來愈嚴重，當中亦涉及一些蓄意襲擊的個案，受襲的包括民主派及建制派的人士。

縱觀整個社會運動的演變，不難發現當中的過程是與政府的態度和警察的行動環環相扣的。當政府的態度變得強硬，警察的部署升級，抗爭者的行動亦因此而升級，因此就算部分表明不支持暴力行為的香港人，他們亦同意不斷升級的暴亂是官逼民反的結果。解鈴還需繫鈴人，社會上的政治問題，還需政府來好好解決。

文宣的作用

文宣在這場主要以網絡聯繫的社會運動中有著舉足輕重的角色。這場運動之所以能牽動這麼多人的參與，在網絡上的宣傳定必要觸動人心。在這場運動的文宣工作不論是創作或表達手法都很創新、有深度、具啟發、非常專業、

甚有水準，充分展示了這場運動的參與度是跨界別的，體現了兄弟爬山，各展所長、各司其職的威力，除了一般的文字、圖畫、相片、名信片外還有動畫、歌曲、短片、影片等，而最重要的是當中的內容都離不開刻劃社會的不公、不義。除了網上的文宣外，連儂牆所展示的亦起了一定的作用。是次文宣成功之處在於能夠將人心連結起來，集結了使無前例的巨大的民眾力量。

而傳媒在這場運動中亦扮演了非常重要的角色。全天候的採訪、無間斷的直播，將一幕幕的真相完整地展現在觀眾的眼前。當記者向高官發出尖銳的提問，在謹守崗位的同時，也讓市民大眾更清楚地明白到言論自由和新聞自由的可貴。

反觀政府，除了譴責、拿一堆經濟的數據，以及賦予警方更大的權力以外，似乎至今仍未能掌握問題之所在。承上所述，和平示威演變成暴力衝突，政府和警方在當中的角色和取態至為關鍵。

事件發展至今，香港社會已經十分分化，人與人之間亦缺乏互信，要解決問題必須先了解成因，尤其是社會事件。造成社會分化，除了顏色立場外，政府曾否認真思考過造成嚴重分化、社會缺乏互信的原因？警方為何會被謔稱「警謊」？

市民對政府或警方失去信心絕非一日之寒，事實證明誠信對於管治團隊以及執法部門是非常重要的一環，否則警方不會在發生太子八三一事件後作出多次澄清亦不獲市民大眾相信。影響更深遠的是，警方在每天下午四時的記者會上經常發表一些與大眾認知相距甚遠的言論，嚴重扭曲了大眾對普世價值的認知和道德標準，對於社會價值和規範有著極其嚴重的影響。

而作為特區政府的首長，一諾值千金，競選時曾揚言「如果香港人的主流意見認為我沒辦法擔任行政長官，我會辭職」。言猶在耳，市民卻看不到她兌現承諾，不禁令人對她日後的說話有所保留。而處理反修例事件的主要問責官員，掀起了連番風波，卻沒有一人因此而被問責下台，整個問責制度形同虛設，令市民對政府失去信心。

從政府公佈的數字上得知年青人積極參與這場社運已是不爭的事實，當中

一大部分人最初已義無反顧，不惜犧牲一切去追求溫飽以外的東西。在10月初，筆者曾與五十名大學生討論時事，當談及什麼是現時香港社會上最大的問題時，全部五十人均認同住屋乃最嚴重的社會問題，然而當筆者假設住屋問題能得以改善，而其他社會問題未能解決，問他們會否接受，結果只有一位學生表示接受。由此可見年青人所追求的社會，並非停留於解決民生問題的層次，也絕非經濟因素。在剛過去的2019年11月24日的區議會選舉結果便提供了很好的證明。因此政府提供再多的經濟數據和解困措施，也只可說是解決現時因社會運動而起的情況，而非回應社會運動的訴求。

撇除追求更高層次的理想，從11月的中大、理大事件中我們看到有更多的示威人士，只是單純的因為正義感、義氣、對公義的執著而參與「營救行動」，而這些特質正正是我們從小便教導他們做人應該有的態度。若因此而被定罪，要負上刑責等，這些年青人必定對社會的公義存有更大的懷疑。當然，我們希望年青人在追求理想的同時，必定要時刻保持清醒、理智，以守法的方式去進行。

錯綜複雜的國際關係

政治無疑是複雜的，尤其是香港正處於國際關係的博弈，正因如此，香港更應正視並處理好自身的問題。

這場社會運動從一開始，雖然以和平方式進行，但初期亦有抗爭者直接或間接因運動而犧牲了生命；而這幾個月以來，我們看到一班年青人義無反顧，甚至不惜將自己的前途以致生命犧牲，以求達致想追求理想的目的，因此武力絕非止暴制亂的良方。武力只會加速內耗，令社會付出沈重的代價。而透過高壓手段達致表面的平靜，不但不能解決存在已久的深層次問題，更會加深雙方的鴻溝，埋下日後更具爆炸力的反彈和動盪。

香港能成為國際金融中心，全球最自由的經濟地區等地位，乃建基於完善的制度，包括司法、行政、立法等。而這些制度的完善乃長年累月努力得來的成果，在全球化的環境下，要與世界各地接軌，這些制度顯得尤其重要。回

顧香港的歷史、地理、中西兼融的文化背景，香港人一直與國際緊密連接，扮演著對外開放的一個重要橋樑，要進一步發展便需要與全球各地有更緊密的聯繫，固步自封無疑是逆施倒行。

事到如今，掌權者必須撥亂反正，回歸根本，以德治港，行仁政王道，以理服人，所謂得人心才得天下，切忌政治凌駕法治。

香港之所以有今天的成就，幾代人的努力固然功不可沒，而擁有中西文化薈萃這個得天獨厚的優勢亦應記一功。今天的年青人不單承傳了中華民族的辛勤，更展現了無比的創造力和生命力，雖然現時的社會千瘡百孔，相信透過各方的努力，我們的社會將邁向更好的未來。在此爲香港送上最美好的祝福！

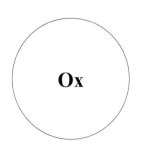

不願移民的支援組：
運動是思想革命，
「盡力做，做到死為止」

Mr. Ox（化名）在回歸前數月出生，父母分別是小學老師。他在雨傘運動前後到英國留學，斷斷續續留了七年。他在英國修讀法律，生活一陣子後，回到香港，現時經營一門生意。他在今次的運動中的角色多元，從前線救人和後勤的「家長」都做過，對他而言，今次運動的起點是五年前。他從小便參與政治，直言今次運動的起點難以斷定，今次運動是把所有香港問題都大爆發的總和，無論是觸發點還是持久的原因都是由許多因素拼湊而成，「那是積怨，是以前的問題累積下來的，只是之前（的其他社會運動）未推至爆發點」，認為今次的事情發展至此，反送中只是一個「breaking point」。

「運動的前世今生？」

我是這場運動的一部分，跟其他示威者對一個大的目標，有一個大的相同追求。這次是在談一個根深蒂固的歷史問題，香港人想爭取回應有的民主和自由，是一個已發展社會應有的公民權利。

這場運動有很多前設，這場運動是一個爆發點，無論是五年前也好，或者八年前也好，是累積至爆發；就算沒有《逃犯條例》，也有可能由其他事件引

爆，這是由許多東西累積而成的。反修例只是一個導火線。

一個社會裡看似不相干的問題，其實都關你的事。這一場運動開端，其實很難捉摸。

「社會出現了什麼問題？」

歷史問題，還有很多潛在問題。這次事件可以看見，政府處理方法、處事速度極度緩慢，執法人員絕無紀律部隊應有的紀律，有一些失控的情況出現。有一個出現了的問題，就是香港人對政府的信任下降至近乎零，甚至更低。對公職人員已經由信任變成不信任，香港警察與市民的關係，已經變回當年還沒有ICAC（香港廉政公署）的情況，甚至更差。自回歸後，香港警察一直嘗試建立一個比較正面的形象。真的沒有做過壞事、沒有做過插贓嫁禍嗎？那總會有的，但你還是會對自己說，警隊總會有害群之馬，不是每個警員都是如此。以前警察要檢查身分證，你會直接給對方看，現在卻會問「阿sir你的委任證呢？」這些情況會發生，甚至有人會留難警員，是因為大家覺得執法部隊不但沒有在維持治安，也沒有在保護他人性命及財產，而是在危害性命及財產，問題就在這裡。歷史方面，香港政府受更多來自中央的壓力，中央對香港的壓力愈來愈嚴重。目前中央比較冷處理這件事，只說支持嚴正執法。從陰謀論的角度看的話，也可以是在看江派跟習派的鬥爭在香港上演。對香港人來說，會看到原來內地的權鬥會對香港有所影響。其實一直都有，但這段時期更加浮上表面。

反修例是一個足以影響香港核心價值的問題，That's why人們會走出來，但也只是因為這個引爆點夠爆炸性，可能只是香港之前那麼多事情也不夠力推至爆發點，這次就夠啦。其實很明顯，你會看到五大訴求裡又出現了「真普選」，但「真普選」是當年（2014年）因為八三一政策而講的事。你會明顯看到，這次運動並不只在說反修例的問題，這次運動，是把以前沒有理會的訴求放進去。如果在從前，也許可以說「先接受了再說」，表現不足但尚可接受那種。

「那這次的『不可接受』，到底是不接受什麼呢？」

首先是香港的一國兩制變成了一黨一制，這點大家都看到。再加上當大家都覺得快要殺到身邊了的時候，還要加一條這樣的法案，情況其實跟當年要立「基本法第二十三條」有點類似。不過當年內地的勢力還不夠大，而且香港人當時還在剛剛回歸的恐慌中。到今天大家開始安居樂業，才立這麼一條法案，仍然能迫到如此多的人數出來，其實也反映了蠻多問題，代表這是主流意見。為什麼當年那麼多人，甚至雨傘運動後的七一或選舉，都反映不出如此大的民意，這次反而會有那麼多人？我覺得很多情況都是被迫出來的，而且在（港鐵太子站）八三一事件後，出現了被自殺事件，就像當年李旺洋事件般，是在告訴你，香港有可能變成（大陸）那樣。

很多人對大陸的想像還在那樣的年代：衛生很差，很多人貪污；你不會想你居住的地方變成那樣。另一個原因是，香港年青人開始愈來愈多會關心政治，今年的年輕選民升了20%，是最近六、七年，從反國民教育運動開始到現在，慢慢開始發芽和成長。今年選舉多了很多「雨傘」後出來的人，其實都是當年站出來的人，很多年輕人都是在那個年代下長大，在香港環境下長大。

我在2013年反國教事件那年去國外唸書，雨傘運動那年特地回香港，2017年回來工作。不過如果要一直出去參與運動——雖然未來比例應該會減少——會多點留在香港。其實到今年6月為止我都沒有這種想法，我本來是想著爸媽退休了，自己不如回那邊（英國）工作。

我在這裡長大，就算我去了英國那麼多年，對我來說這裡就是家，你不會想自己的家被他人轟炸。有些東西有本身的價值，我想肯定自己有付出過。以前會有戀英的人，我覺得這一代則是會有戀港的人。

我關心政治的時間比一般人更早。我覺得大家不一定知道以前是怎樣，但還是會為了公義走出來。我記得，學校常識科有教法院上的女神像[1]的意思，

---

[1] 指香港終審法院大樓上的正義女神像。

這是我們父母甚至當年的政府教曉我們的。為何三權分立，今天會變成一黨獨大？三權分立開始出現瓦解現象。立法會和政府在有「橡皮圖章」之下，根本蛇鼠一窩，我們唯一可以依靠的法例，也因為人大無限釋法，甚至現在香港政府還用同一個法律（來對付示威者），法律對於我們來說，也不再如想像中公平。現時的立法制度，並非三權分立的表現，明顯有一權比較強勢。是我們眷戀以前嗎？其實不是。可能我們以前也做得不夠好，我們希望的，是重新建立一個正常該有的民主社會、公民社會。這是我自己的理想，我知道不可以代表其他人，但這是我自己的理想。

「到目前為止，這次運動有什麼事件讓你感受深刻？」

我認識一個啞了的女孩，她因為警方的暴力，精神上受到重大打擊。她年紀比我更小，我沒辦法想像，為什麼一個本來很天真很開心很陽光的人會變成那樣。她是我朋友的朋友，有相約過出來一起遊玩，相識三、四年。

第二件事發生在我擔當義務律師時。我見過有好幾次，父母不肯保釋或去幫助自己的子女。一個16歲的小朋友，父母不肯來，只好找社工或老師來。蠻唏噓的。不管發生什麼事，我父母也會關心一下我；哪怕拉你回家亂棍打死，但對外的時候還是會幫忙。我認為這是父母的責任。不談什麼觀點與角度的問題，但要接孩子回家，了解一下一個未成年的小朋友到底怎麼了，哪怕你覺得他不對，你也應該去。你可以在保釋後跟他解釋到底是怎麼回事。因為你是爸爸和媽媽。

我很記得自己對警察死心的那一刻。那時我在黃大仙做first-aider，我有一個患者躺在地上，他喊著好痛、動不了。當我們正在處理時，警察的防線推進過來，接著開始拿警棍打人，打在患者身上。於是我用手去擋，那天我的右手骨折了。我當時穿著（識別記者和救護員的）反光衣物。我覺得很……我覺得打在我身上我也覺得合理，就當是我礙到你們工作吧，但打在一個躺在地上喊痛的患者身上？你是覺得他在假裝嗎？我覺得有點過分。

還有一次，時點更早一點，就在6月12日的金鐘。大家很和平地坐著，突然之間就放催淚彈。那時本來還覺得應該不會有事，因為大家很和平，沒有做

任何衝擊行為。按我的理解，很多人都只是坐著，大家都明顯是和理非，沒打算向前衝。

我從運動初期就有派物資，希望見證這段歷史，不管結局如何，也要在以後對其他人講述我當天就在這裡、看見了什麼。這是人身處亂世中的一個責任。我自問又胖又缺乏體能，有上過前線，但受傷後身體能力上真的不行，有時候我就嘗試用其他方法做得更多。有些人可能不敢去（上前線），或不想去，就用自己能力之內可以做到的事去幫忙。

六一二我親眼看著催淚彈飛來，我本來在中信大廈，叫大家往上走，結果還是撐不住，就跟著後退再撤退。我想，那一次是我人生中第一次跟催淚彈那麼近，真的就在相隔四個身位的地方爆開。眼淚還未湧出我已經呆了。我的身體應該很辛苦才對，但我反應不來，而整個人原來已經撐不下去了。我過了橋，到了海富中心旁的大馬路時，已經要趴著走。整個人真的很不舒服，幸好那天有帶藥，我就趴在那裡爬了幾步，不多。我想不到會在金鐘發生那樣的事。雨傘運動時也沒有那麼誇張，首先雨傘運動那時就不像當天那麼少人，第二是我過了馬路就聽到槍聲，是後方使用了橡膠子彈。我那時心想，「開槍？我只是跑而已，後方就有人開槍。」我近乎看著子彈在我旁邊飛過。不是真的「看」到，但你會感覺到就在你旁邊。

那一刻我很震驚，原來我居住的地方是這樣的。當年我靜坐表達訴求的地方，已經變成了「你不走嘛，我就射你，你不走嘛，我就放催淚彈」的地方。我曾經想過，是不是要多看幾套戰爭片，學學人家如何生存？聽上去很好笑，但的而且確，那一刻是很諷刺的，香港國際大都會，變成如此。

接著我開始認真多接觸以前的朋友，知道了有一群人在從事法律支援行動，然後開始多了參與，就會覺得我們跟打仗其實真的沒什麼分別。6月尾時我開始意識到這一點。以前警察開記者會，四點鐘許sir[2]，笑笑就好；現在變

---

[2] 雨傘運動時，警方常於下午四點舉辦記者會，主持人為時任公共關係科總警司許鎮德，故網民以「四點鐘許sir」指稱該警司甚至記者會。

得愈來愈人神共憤，這是一件很荒謬的事。

「現在跟打仗沒分別的意思是？」

很簡單，如果你現在在阿富汗，你會不會怕外出被打，會不會怕買個東西都會中槍死亡？現在是真的有可能發生下樓吃個飯，突然一輛EU（警方衝鋒車）駛過來把你抓上去。不一定會死啦，不過，死罪可免，活罪難逃。這些事在現在的香港不是什麼值得驚訝的事。突如其來一隊防暴警員下車，夾了你上車，已經看過好多次啦。一個人在街上會突如其來碰到這種事。先不管對方是什麼人，我們來客觀描述事實，有一天小明下樓買吃的，遇上一輛七人車，一群男人從車上下來，把小明夾了上車，不管他們是否警察，大家會怎麼想？綁架囉。對呀你的人生就這樣被警察綁架了。人會突如其來被一群green object[3]綁架的話，那跟戰場有什麼分別？

今天不知明天事，誰知道下一秒會不會有人按門鈴說，「先生我們懷疑你昨晚跟什麼什麼案件有關。」說真的，大家在做的事真的是犯法嗎？當中是有的，但有沒有人，沒有做犯法的事但被「無中生有」呢？更加有的。

我曾看過一個下樓看熱鬧的大媽，她本著「香港人核心價值」要去看熱鬧，結果被捕了。我問她：「有人說你非法集結，你那天做過什麼啊？」我還記得她住在波斯富街，是某一天在銅鑼灣被捕的，證物裡有一個買菜的袋子，裡面有兩包肉、生果，還有Ikea的鐵叉子。她被指有意圖參與非法集結。那一刻我除了目瞪口呆，根本說不出什麼話。那個大媽也說了，她只是去常去的二十四小時超市買東西，你還想怎樣呢？我絕對相信她只是去看熱鬧，但看熱鬧犯法了嗎？以前你對人說看熱鬧犯法，對方只會覺得你在嘲諷，但現在看熱鬧真的是犯法了，真是what the fuck。

3　支持運動一方對警方的稱呼之一。源於9月有傳媒拍攝到防暴警員在後巷拘捕及搜查「守護孩子行動」成員時，疑有人踢向該成員。事後警方回應稱，從片段只看見警員踢向一個「yellow object」（該成員身穿黃色背心）。此後支持運動方開始以「green object」（因防暴警員身穿綠色制服）反諷警員。

「你覺得這場運動會持續多久，或是運動能否退場？」

　　五年前運動退場的原因，是左膠[4]和激進派割裂，現在還有衍生「阻膠」一詞，阻人做事的阻。令我開心的是，今年的文宣比當年好得多，尤其在統合民心上真的好得多。很早期我們已經在說，不要重蹈當年的覆轍，不要當這是在開party，不要把現場弄得像自修室，不要在完結時說什麼認識到一群朋友是最大的得著云云。當年雨傘運動時我聽到有人這樣說，就想一巴掌摑過去。我的目的是要跟大家一起完成這件事，而不是想聽大家說自己露營了多少天、認識了一群朋友之類。並不是覺得快樂抗爭不要得，但我覺得不可以忘本。我甚至聽過「大家說去溫習，我就一起去囉」，這些話會令我很生氣。

　　雨傘運動不算很危險，前期真的沒有人覺得危險。除了韓農事件[5]之外，香港從沒出現過催淚彈。如果有人坐時光機從2014年之前來到現在的香港，我們絕對會覺得對方非常不知世事，因為當年的大家都覺得香港政府是不會放催淚彈、也不會開槍射人。但現在的情況就是，香港政府已經由真正的香港政府變成「香港政苦」，苦在心裡頭的苦。

「對於私了，你覺得道德界線在哪裡？」

　　我自己是不會參與私了的。可能因為我的背景是唸法律的，我只會問，你是否清楚自己正在做什麼？你做了要承擔自己應有的後果。去參與非法集結被捕，沒問題，前提是要有公平審訊，不要硬是要告暴動，也不要不管三七廿一都指控人藏有攻擊性武器。如果他們很清楚自己在做什麼，這是他們的選擇。

　　話雖如此，但我覺得有一點是他們要想清楚的。私了的後果，是一個大家都討厭的人，流著血躺在地上，或是成功幫人報了仇。當我們也開始做這種

---

[4]　泛指溫和、主張和平而不現實、只講理想的左翼分子。因為運動中偶而有這類人在現場妨礙示威者行動，又被譏為「阻膠」。

[5]　指2005年香港主辦世貿會議時發生的南韓農民反世貿騷亂。

事的時候，我們跟那些「黑警」有什麼分別呢？我覺得這是一個值得反省的問題。

「私了背後有很多原因，最常見的是法律已經無法懲罰某人。私了要到什麼地步，你才會覺得無法接受呢？」

假設「法律已經無法懲罰某人」這個前提是合理的，那就要回想當初我們為什麼要求獨立調查委員會。就是因為要有公平審訊，法律之下人人平等的審訊。你被捕了，就要接受審訊。說自己會負責任的話，你是不是真的會「做了就認，挨打站直」？

「假如我去私了藍絲又願意接受後果，是否就代表這件事可以接受？」

我認為除了法律之外，還要兼顧道德界線。用醜話來說，那些藍絲廢老不值得你為了他負上刑事責任。那些是民智未開的人，有頭有手有腳也不代表是個人，你明白，那些藍絲阿叔就是不值得。再壞心眼地補一句，你是自衛時不小心重手了就算了，但保護他人所使用的武力，跟主動襲擊而使用的武力是有分別的。

「你覺得這場運動什麼時候會完？」

我不知道這場運動會如何完結，或什麼時候完結，但運動對香港人衍生的影響，一定不會僅僅因為運動完結了就消失。運動是否會消失，我認為要看政府的態度。香港未來這一年比較多選舉，再之後的一年就是行政長官選舉了，現在香港正處於一段動盪的時間，如果香港政府不改變態度，（運動）是不會變的。

「會像2014年那樣被政府拖延至消失嗎？」

這次不知是幸或不幸，每次民氣快要褪去的時候，偉大的行政長官和香港警察就會做些蠢事，把所有人惹火到全部回來。在這種情況下，可能今天大規模搜捕，失去千多個手足，第二天只會變成萬多人走出來，現在的狀態就是這樣。雖然我覺得香港人的適應力很強，但香港人在事情結束後假裝沒事的能力也很強。你看雨傘運動前和雨傘運動後就知道有什麼分別。大家可以在事件落幕後，繼續生活如常。

我認為這次與當年的不同之處，是持久戰打得比較好。不同的人都會隨時去凝聚民意，不會只困死在一個地方、不會只困死在金鐘；而且每天都會有不同事件發生，每個人都可以各自休息一下，第二天再出來。「我這個星期真的撐不下去啦，但我下星期會回來的」（這種運動模式）令他們有能力和時間回復。我不覺得是運動淡了，而是常規化了，大家都知道逢星期五和星期六地鐵會提早結束營業，然後警察就不用睡了，因為會有大事件發生。

「在這場運動你想達到什麼目的，
　又願意付出多少來達到這個目的？」

我想沒有人相信我們能打贏共產黨，打贏共產黨是近乎不可能的事。我認為最理想的是香港人可以要求一個怎樣的社會，這個社會是由大家選擇出來的未來，而不是他人帶給我們的未來。

很多人會說求助外國是外國勢力，但其實敵人的敵人就是朋友。當事件結束，可能常常都會不了了之，但這次事件卻能讓大家知道：要去爭取。大家去爭取，哪怕成功機會低，至少也爭取過。對很多西方國家人民而言，民主是理所當然的，我就想，這種思想會否也在香港延長下去呢。其實共產黨一直都很怕這類意識形態會被帶進中國，因為中國在用的是愚民政策，這樣會為共產黨執政帶來隱憂。

我們要學懂為自己想要的東西挺身而出，壞一點說，藍絲那邊有人站出來罵人或表態也未嘗不是一件好事。比較大愛的說法是愈多人投票愈好。不管你是建制或泛民，大家都盡了公民責任就好。我認為一個成熟的公民社會，大家要有自己的想法，但我不需要其他人認同自己的立場。哪怕結果不是我想要的，我還是會認為那樣比較好。國際方面，讓大家都知道世界上有香港這麼一個地方，像何韻詩在聯合國時說，香港這麼一個「芝麻綠豆」的地方也能做到這種地步，那很多國家也可以。

「你的最終目標是什麼？」

我覺得雙普選是不可能的，但最少要對整件事有一個公平審訊，有一個公道。這不一定是獨立調查委員會，可能有獨立調查委員會以外的方法去確保公義獲得彰顯。不論是對示威者或警察也好，都要公平。

談到犧牲，先來說一些比較膚淺的事。我的公司超過半年沒有收入了。我們主要是做外資行，少了客人敢投資香港市場，基本上香港公司的收入是零，直接損失有150萬元左右。我不敢說是犧牲，彷彿大家做了很多似的。這情況就像是醫治癌症，會痛但還是要做，不然會惡化，我不想再承擔那種後果。如果今天再不站出來，再不發聲，繼續不聞不問的話，香港的未來就是我們要承擔的後果。

在我眼中經濟上的損失不是說沒有、不是說不痛，但不是我最主要擔心的事。我也失去了自己的時間，不斷延後自己做手術的時間，但真的不敢說這算犧牲。參與這場運動的人，都不過是盡自己能力，做自己可以做到的事。你不會覺得捐錢給《立場新聞》是犧牲了二十元，這種不是犧牲，因為大家都有責任。假如香港真的像美國那樣可以買到槍枝，我買一支槍，說「我犧牲了二百美金買槍，去射殺一個人。」不，你不會這麼說。這種付出是單純的付出，不是什麼犧牲不犧牲，我自問自己還不到犧牲這種級數。

我的覺悟，就是可能有一天出了什麼事，我會上前犧牲我的命。很久以前，6月12之後，我已經有心理準備出去會丟了性命。我覺得我要求的東西，

不是一條命可以解決的。總會有人要犧牲，我不會要求其他人也效法，但我對自己的要求就是，假如我出去卻沒有心理準備失去性命，那出去是沒意思的，因為那只是有其他人代我犧牲。我真的不想有人代我「送頭」。爛命一條，無所謂啦。

爛命一條無所謂的意思是，可能哪天被推下樓的就是我。我不覺得犧牲了或過世的手足是想自己成為英雄。這場運動一直在強調沒有大台，沒有大台是因為分散，沒有方向，但這同時也是一個社會應有的情況。如果有個大台，大家跟著大台走，大台叫大家做什麼大家就做什麼，這跟獨裁主義沒什麼分別。也許不至於獨裁主義那麼壞，但也不是一個正常社會，因為每個人都有自己的思想，這才是一個社會嘛。三個女人一個墟都會吵架啦，何況七百萬香港人。

「你覺得失去性命的可能性高嗎？」

有些事件可能是人為，也可能是意外。目前的香港政府無法承受在記者的鏡頭之下殺人，但哪天當這種事真的開始發生時，就是開始用坦克或水炮車射人的時候了。

「假設有大台，而社會上要有一定的退讓才能換取別的東西。那你會退讓到什麼程度？」

第一，要退讓的一定不是市民。市民是被迫出來的。粗俗一點地比喻，有個強姦犯強姦了你，你作出反抗，對方突然說「先讓我再強姦你一次再說」，你能接受嗎？第二，政府是為市民服務的，這是市民應得的，因為市民交稅給政府。

政府需要有誠意，而不是硬來，做些沒用的舉動侮辱民智。最基本的誠意，不一定是獨立調查委員會，但有些事是要先做的。例如嚴格要求警察執勤時提供委任證。這只是一些很普通的事。可悲的是，若非6月12日林鄭月娥出了一張備忘錄，不會讓大家那麼憤怒；如果她不是每次有事都要出聲明，而是

早早撤回，根本不會有之後的事。

　　大家不是要炸掉政府，大家都想用和平的方式表達訴求，告訴政府有多少人對這件事不滿。有一句從6月就在講的說話，說當一個地方有接近人口三分之一的人數上街時，足以拖垮任何一個民主政府，而拖不垮香港政府，就是因為它不是民主政府。向一個非民主政府爭取民主，是很諷刺的事。

　　香港人真心想作這麼一場夢，而這場夢沒有人真心希望只是大夢一場。大家都希望是真的。

「覺得跟政府有可能談嗎？」

　　我想有些事是可以談的，但同時也有些事是不可能談的。例如釋放義士：可能有些人被捕被控暴動，但事實上他根本沒有犯事，頂多只是路過，這類人有必要接受正常司法審訊。沒犯事但被拘捕的人，這類人應該要釋放。

「有什麼是你認為一定不可以退讓的？」

　　公平審訊，這我是一定不會退讓的。不是說要放棄雙普選，但繼續下去是否會有結果？我覺得未必。我覺得，要先處理好這件事（公平審訊），因為那種精神一直都在。今天可以因為反送中有那麼多人出現，他日也可以因為雙普選把那一百萬人叫回來。撤回暴動定性方面，我會要求重新審視對方所參與的集會，到底是不是真正的暴動。有些人可能只是和理非，甚至只是個街坊，也被控告暴動。

「有些人覺得五大訴求沒有用，要直接調查警方的暴力。」

　　我不介意徹查所有人士。我的要求是法治，而非人治。不管人治是屬於政府還是示威者，都不是香港核心價值。

「你覺得自己這種立場，會有多少人接受？」

現在的話我相信佔示威者的三分之一。我覺得有些示威者還未搞清楚自己的訴求是想要什麼。以前很多文宣的最後一句都是「林鄭下台」和「要求雙普選」，但五大訴求也轉了很多不同版本了。會改變訴求，就是因爲現時發生的事，導致並非每個人都會完全同意訴求。要令到大眾明白是困難的，尤其關於警察對示威者造成多大傷害這點；有些人或許沒有感覺，當受害人不是你的子女、朋友，或是你沒有在現場親眼看過，感受是不會那麼深。

「那另外三分之二的人，要怎樣才會接受？」

這蠻看政府伸出的橄欖枝多有力。我想香港人普遍還是講道理的，有些事是可以談談的。你讓我繼續和理非集會，那我們就二百萬人站在政府總部等囉。這個情況是要解決，但絕對不會再有市民願意讓步，因爲我們已經被我們偉大的政府輪姦了很多次，不可能再讓它強姦。就算林鄭出來赤裸道歉也沒用，因爲這已經不是道歉可以解決的問題。如果她做慰安婦能解決到問題，我相信中央政府肯定會叫她做。

如果運動眞的完結了，社會的撕裂又該如何修補？我相信修補完之後，香港人的聯繫會比之前更深。有些東西是回不去的，但可以帶著這些東西重新建立關係，這是可能的。

「怎樣才能重建警隊及對政府的信任？」

看政府有多少誠意。可能徹查警隊做過的事，警隊做回他們應該做的事，繼續保護市民。很多行動上的事是可以做到的。把警隊換了可能可以解決問題，但要重新建立信任，眞的視乎政府有多少善意。警隊解散也好，重組也好，重建是有很多方式和可能性的。警察是要換，但問題是政府是否眞的會換和解決問題？不會修補不了，但要怎樣做？甚至可能要擺脫軍政府統治。這些都是現時香港政府要面對的問題。

「目前這場運動，對你而言帶來了什麼改變？」

更珍惜地渡過每一天，因為你不知道明天還會不會活著。我害怕凌晨接到朋友電話，因為一聽就知道沒有好事。人與人之間的關係的確親密了。香港人更加懂得發聲表達意見。不是每一個藍絲都會拿刀砍人，觀點與角度有不同的時候，可以談談。我不介意多聆聽。有些人覺得示威者收了美國佬的錢，有些人覺得運動影響民生。到現在我跟一部分藍絲仍然能維持朋友關係。

「你認為這次是運動、暴動還是革命？」

我認為這次是一場運動，同時也是一場思想革命。我覺得不是暴動，暴動是單一事件地看，不可能整個運動都是暴動，畢竟真的有和理非存在，不可能說全部人都是暴動。暴動要負上刑事責任，運動則是追求你想要的事。想要一件事，就要去努力。思想革命就是人的理解開始改變，以及開始會自我反省，會更多地研究身邊的事物，包括人、政治、關係等等。

「你認為香港的核心價值是什麼？」

香港的核心價值就是香港人，是香港人自己。我覺得香港人有點像以前的猶太人那種感覺——之後可能會失去香港，變成香港市，但為什麼能保持到香港人作為一種身分？我不會說是「獅子山精神」那麼籠統，香港人的優點就是沒有優點，每種東西都懂一點，適應力很強，這就是香港人的優點。

這場運動可以看到，香港人對香港人這個身分是感到自豪和驕傲的。包括藍絲，也覺得香港人這個身分令他們驕傲，例如他們會說「你搞亂了我這個香港」，這表示他們背後想強調的是「這一個香港」，我是香港人，這裡是我的地方。

不管大家如何定義香港一詞，「香港」這個招牌都仍然存在。我相信這個感受植根在每個人心裡。因為她已經在我們心裡，就像1+1=2那樣，你不會問為什麼。我們也同樣有責任向下一代講述發生了什麼事。

「未來的社會運動會否因為這場運動而有大改變？」

我想，並不是每次都非要弄到許多人被捕不可。大有大做，小有小做，這是思想改革。我們不用那麼多人，因為藍絲只有幾百人也能得到中央讚賞。沒有要分大小，只是現在大家可以聚在一起，就可以變得很大，我相信大家之後再碰上同樣辣的事件，還是會再聚在一起的。

「會害怕人們疲累嗎？」

我也會累，但會說「×那媽頂硬上」。有些事還是要做的，香港人奴性重，怎會不相信這個信念？無論怎樣還是要做的啦，盡力做吧。盡做到死為止。

「你覺得香港之後會怎樣？制度上會不會有變化？」

我不知道。預期會更加嚴吧，像雨傘運動之後那樣。但同時我也相信，我們會有新的擴展，新的抗爭，新的方法，新的道路。

暫時來說，我認為中國大陸還不想放棄香港這個完美的洗錢機器。暫時香港是不會有問題的，但當要面對美國國債，還有內地國債開始到期，中國的未來其實真的不知道可以怎麼辦。這些或許需要小心處理。

我不敢肯定香港是否仍然是個可以做生意的地方，但會是大家可以生活的地方。樓價會不會跌？我真的不知道。雖然我覺得會跌，但什麼時候跌也是個問題。國際上，香港的地位未必會有大改變。香港人這次的表現令外國人對香港有信心，並非單純一個地方上的問題。不過假如很多人都說想移民的話，這也是一個要考慮的因素。

Aaron 一位藍絲青年的聲音

　　Aaron（化名）是一名二十出頭的大學畢業生，見面時[1]，他開門見山稱自己是藍絲，並笑說我們平時應該沒有太多機會接觸藍絲青年吧。這說話一方面反映了他朋輩中以黃絲居多，另一方面也道出了實況，我們所認識的年青人，大部分屬黃絲。黃絲或藍絲是對「反送中運動」（簡稱反送中）立場的一個概括分野，前者傾向支持，後者傾向反對，但當中支持什麼？反對什麼？支持或反對的背後理由又是什麼呢？每個人都可以有不同的見解。事實上，對於政府、中央、警隊與示威者的看法，黃藍兩方也不一定是完全對立的，在這政治敏感的時刻，且讓我們繼續維持自由開放的空間，不要自設界線，細心聆聽不同的聲音。

　　Aaron是第一次就反送中接受訪問，回答問題時難免有點緊張，但在很多問題上，他都曾經思考過，能暢談自己一套見解。有些時候他或會不肯定事件的發生日期、法例名稱，他會請我們幫他查清楚；又會記下我們的問題，以免自己忘記作答；也會記下想說的重點，以便更好地組織答案。同時，Aaron表

---

[1]　作者與另一位學者一起於2019年12月4日與Aaron進行訪談。

示會儘量客觀分析事件，所以資料來源要有質素、客觀，香港電台便是他的選擇之一。

反送中波瀾壯濶，在不同程度上影響著每一個香港人的生活與情緒，Aaron也不例外，在訪談中，我們感受到他起伏的心情，曾爲警隊的行爲及言論而痛心，爲示威者的盲目不割席原則而氣憤，以及爲來勢洶洶的訊息而疲累。

反送中運動的成因

作　者：你會以運動、暴動抑或其他形容今次事件？

Aaron：其實好難用一個詞語概括一場持續六個多月的運動，但用「運動」比較中立，因爲運動有和平示威部分，所以不宜用暴動概括整場運動。

作　者：政府宣布修訂《逃犯條例》，揭開了反送中的序幕，你對政府推行有關條例有什麼意見？

Aaron：我對政府推行條例的手法感到不太舒服，但撇除對中國的成見，香港目前與多國簽有引渡逃犯協議，但與內地卻沒有相關協議，而近年內地曾多次向香港移交疑犯，但這是單向式的，香港未有向內地移交疑犯，因此香港修訂法例，容許中國大陸從香港引渡疑犯到內地受審，這是無可厚非的。

在一國兩制下，香港人的著眼點在於兩制，中港之間要有清楚界線，但《逃犯條例》變相將界線模糊化，引起市民反對，兩次上街遊行。遊行人數是幾百萬還是幾十萬，可以商榷，但政府強推條例顯然是操之過急，罔顧民意。

2003年《基本法》廿三條立法時，引發了數十萬市民上街，遊行人數較反送中少，但政府仍願意聆聽民意，撤回廿三條。反觀反送中，政府處理民意的手法很差劣，而且特區政府的位置出現了變化，值得注意。特區政府未有及時回應市民訴求，可能是特首林鄭沒有話

事權，一切要由中央拍板，可惜中央對香港人的價值觀沒有深入認識，對香港人追求民主的堅持也不了解。

作　者：你提出了《逃犯條例》背後香港人對維持兩制的擔心，而政府對市民的回應也暴露了港人未能高度自治的危機。你認為這些都是觸發運動的原因嗎？

Aaron：這場運動反映了九七回歸以來社會累積的怨氣，修訂《逃犯條例》是助燃劑，將怒火燃點起來。社會的怨氣來自兩方面，一是實踐一國兩制的矛盾；二是政府施政的問題。

我接納香港回歸中國，但從港英時代到今天的特區，香港人始終面對身分認同的矛盾。回歸後，中央實踐一國，是要去殖民地化，確立中國人的身分。其實英式文化即使存在，也不代表對中國人身分的不認同。新加坡保留了英國特色的制服、官階、傳統，但都沒有影響新加坡人的身分認同。反過來說，拆除英國郵箱、將入境處沿用的英國步操改成俄式步操，亦不會增加香港人對中國人的身分認同。

對中國來說，一國是重點，但礙於兩制，香港未能完全回歸到中國的母體。很多人認為第一任特首董建華的功績是，香港順利回歸中國，意思是市民未有感受到劇烈的社會轉變。但隨著開放自由行，更多大陸人來港定居，市民開始感到難以接受，對內地的政策也不認同。

這邊廂，香港人對中央的抗拒增加；那邊廂，中央急於落實一國一制，例如推行一地兩檢，硬銷《基本法》廿三條，興建港珠澳大橋連接中港兩地。結果修訂《逃犯條例》正好成為實行一國與兩制衝突的觸發點。

作　者：你解釋了一國與兩制的不協調後，請你繼續討論政府施政所帶來的民怨問題。

Aaron：過去港英政府的確帶給社會穩定、繁榮，並將香港人調教為順民，對政府有高度信任及排斥暴力，即只會以和平方式表達訴求。現在暴力示威的根源可說是官逼民反，年青人向上流的機會低、樓價高企也是

大問題，政府施政連番失誤，例如機場規劃失當、學位貶值、政府對沙士疫情回應不足，這些都累積民憤。當市民有相對穩定的生活，在政治上也不會提出更多要求。吃飯與民主的關係是，有飽飯吃，就不會追求民主。追求民主背後的動機是選出民選政府，解決他們的生活問題。

實踐一國兩制的矛盾，加上政府施政失誤，令年青一代感覺艱難、乏力、見不到未來，轉為抗爭，即使沒有希望，也算爭取過；同時也將部分憤怒發洩在磚頭上。反送中發展至今，市民對警暴的不滿，也成為了另一種催化劑，令運動持續下去。

反送中運動的警民衝突

Aaron沒有出席遊行、集會，但會看直播、重複翻看片段，了解事件的經過，以及警察與示威者的行為。Aaron支持警方嚴正執法，但不等如事事撐警，他會從微觀層面出發，以警方是否履行其職責、服務市民來評論警隊的得失。

作　者：今次反送中運動，有哪些警民衝突事件令你印象深刻？你對警方與示威者的做法有何意見？

Aaron：6月12日（簡稱六一二）的警民衝突主要發生於兩個地方，一是立法會，上萬人包圍立法會要求停止二讀、撤回條例，我覺得根據國際做法，當時警方發射布袋彈、煙霧彈等驅趕示威者是合理的。二是中信大廈外，遊行人士被驅趕，被困在中信門口，旋轉門內外塞滿了人，警方卻在此時放催淚彈，我覺得警方的做法值得商榷，那些都是和平示威者，被困其中，沒有通道讓他們離開，這是有點殘忍的，也令市民感到憤怒。不過，我覺得整體行動都算合理。

7月21日（簡稱七二一）元朗白衣人無差別襲擊市民，是我對警隊

觀感改變的轉捩點，我當時的心理狀態是相當矛盾、掙扎。當日兩位警察到達現場後袖手旁觀，我的感覺真是好差。我在看電視直播，感到非常憤怒，第一，香港是安全城市，這種襲擊不應該在香港發生。第二，車廂內的人士無論是什麼立場，警察都應該履行職責，保護他們，特別是很多乘客都只是搭車途經的。這件事令警隊失民心，很多人亦由藍轉黃。

警方增援，到達商場和圍村，卻沒有拘捕白衣人，我感到很失望。那些白衣人沒有帶面具，被錄影機拍下來，有證有據，但警方的檢控速度不理想，有拖慢之嫌。

香港警隊成立一百七十五年，歷史悠久，過去香港警隊有污點，但已改正，成為亞洲最優秀的警隊，我以此為榮。佔中持續三個月，警民關係可說從高峰跌到低位，那些黑警、警犬、「好仔不當差」的口號紛紛出現，警隊由好變壞的溫差改變很大，我覺得好難受。警民關係與市民日常生活是息息相關的，當市民遇上交通意外、搶劫等，都需要警察的幫忙。因此佔中以後的四年沉寂期，市民恢復日常生活，獲得警察的幫助，警民關係也開始轉好，甚至可以說是回復佔中前的水平。

七二一令警隊再次蒙上污點，好難磨滅。在佔中運動，警務人員使用過分武力，如七警、朱警司都受到檢控；市民非法集會、阻街，亦被檢控，雙方都受到法庭的公平審訊，大家都會心服口服，認為做法符合程序公義。而警方處理七二一事件，失去民心，在我心中造成很大的鬱結，甚至令我久久不能安枕。

8月13日（簡稱八一三）「和你飛」的堵塞機場行動令我的心情逆轉，示威者阻撓旅客乘搭飛機、堵塞機場，雖不比暴力行為嚴重，但也相當不文明，我感到憤怒，但未到頂點。令我最氣憤的莫過於不割席。示威者阻止其他國民離開，影響美國、意大利等其他國家對反送中運動的支持，甚至令運動蒙上污名，但黃絲卻堅持不割席，這令我

非常反感。因為不割席是變相鼓勵錯誤的示威手法，由此推論，示威者採用無底線的任何手法，可能都會獲得黃絲無限度、盲目的支持。

面對暴力行為如掟磚、放火，我問朋友會否批評示威者做得過分，他們說不會批評，原因是示威者用磚頭，用箭；警察用橡膠子彈、催淚彈，雙方武力不對等。依這種說法，示威者便可以繼續濫用暴力。我覺得黃絲永遠有籍口，支持示威者的行動。

七二一警隊有問題，我會深刻反思，八一三示威者犯錯，黃絲卻繼續支持，那麼黃絲實在沒有資格批評警方。再者，「黃藍是政見，黑白是良知」這句口號是情緒勒索，即是說如果我不是黃，我不支持你，便是沒有良知，這令我好反感。這句口號亦讓我覺得黃絲是雙重標準，自打嘴巴，不分是非黑白的不割席。不割席加道德勒索，扭轉了我對七二一警方的矛盾心情，使我繼續支持警隊嚴正執法。

作　者：七二一、八一三都改變了你對警隊、示威者的看法，8月31日（簡稱八三一），警察進入太子地鐵站內、車廂內打人，對你有什麼影響呢？

Aaron：七二一與八三一都涉及打人，前者是白衣人，後者是警察，我自己對警權是有很大信任的。如果七二一那些人是穿上制服的警察，我的心情可能不會覺得這樣慘，觀感也沒有那麼差。當警察穿上制服，我便對這專業、權力有一定的信任，他們受過訓練，會按指引執法，這是我根深蒂固的觀念。對於八三一，我對警方的處理沒有太大的反感，但在公關上可以做得更好。

如果要圍捕示威者，而他們又換了普通市民的衣服，那麼可以封了地鐵站，然後逐個排隊搜身。警方不一定要採用如此激進、爆烈式的執法方式拘捕示威者。試想如果警隊收到的通知不是處理示威，而是恐怖分子混入乘客中，警察都不可能在車廂內見人就打。可以想像，警方當時是受情緒牽動，而且在心態上敵視示威者，這是不應該的。

作　者：八三一之後，有沒有其他事件令你印象深刻？

Aaron：八三一之後發生了荃灣開槍事件，我反覆重看網上片段多次，有一位

學生持棍揮向警員，但當時警察已經拔槍，雖然沒有口頭警告，但開槍姿勢好明顯，那名學生不應該再往前行。在這種情景下，警員開槍是合理的。或許警員不用開槍，只是挨打幾棍，便可以救回一條生命，但要如何處理這種即時危機，我真的沒有答案。

我認為警方在處理中大、理大事件上，都是合理的。我偏向認同圍捕理大，因為示威者在橋上擲物、堵隧道、燒收費亭，目的是阻塞交通要塞，令人被迫罷工。示威者做了違法行為，被拘捕是咎由自取，他們不應利用學生的身分，搏取市民的同情；加上今次警員被箭射中受傷，削弱了武力不對等的理由。

最後，我想補充一件事，雖然不是什麼大事，但令我感受深刻。這是發生在太子或者旺角的一幕，有一位被警察制服的女示威者用手緊緊捉著一位警察的靴，那位警察反過來踩她的手一腳。這片段對我隱含另一重意義，令我好心痛，她的行為不是要傷害那位警察，而是出於對警察的信任，向他發出無力的呼救、求助。可惜警察沒有履行職責，拯救一名受傷害的女性，反而放棄了她。

作 者： 你對警察以「曱甴」來形容示威者有何感受？

Aaron： 我記得這個名詞是來自員佐級協會會長林志偉的新聞稿[2]，我當時好驚訝，警隊應該好專業，而且保持中立，怎可以白紙黑字公開形容示威者為「曱甴」，員佐級協會的責任是為警務人員爭取合理待遇，發此新聞稿，並非其職責所在，我認為協會應該停止再傳播這個用詞，並為此道歉。警隊人數比其他紀律部隊為多，應該建立好榜樣，作為警官，更應有君子形象，而非如此「低莊」（即卑劣）。

---

[2] 新聞稿就8月3日旺角區遊行出現的暴力行為作出譴責，文中多次以蟑螂形容暴徒。

運動中的朋友關係

　　Aaron對社會運動的關注始於2014年的「佔領中環行動」（簡稱佔中），他稱當時自己是非常高調的藍絲，不認同示威中的暴力和違法行為，會就示威的手法跟同學辯論。Aaron分享他今次在黃絲社交群組中的經歷與感受，體會到自己被朋友排斥的程度遠較佔中時高。

作　者：你講述對八一三的看法時，曾提及在黃絲社交群組中與朋友爭論，而且朋友之間關係緊張。你可以講述一下群組內的經驗嗎？

Aaron：朋友知道我是藍絲，我的生活圈子一片黃，七八成朋友都是黃絲。在「同溫層」中，朋友會將非我族類的人unfriend（刪除），對臉書上的紅底（有中資背景）報紙或屬建制派的報紙unlike（不喜歡），所接收的資訊都是同聲同氣，藉此肯定自己的觀念正確。對於藍絲「同溫層」，黃絲會嘲笑為「白痴」、「低質素」，但其實是五十步笑百步。藍絲群組的確有些奇怪的講法，說示威者收了美國人的錢，這是不太可能的，因為有百幾萬人上街遊行，即使每人收一元，已經要花費大筆金錢。事實上，黃絲群組也會出現假新聞，以致發生所謂跟車太貼的「炒車」情況。

　　我曾被杯葛、unfriend，但幸好沒有被進一步追蹤、起底。此外，朋友外出吃晚飯，大家一齊影相時，有些朋友會做出五大訴求、缺一不可的政治手勢，雖然做法令我尷尬、感覺不舒服，但他們有言論自由，未必是故意令我難堪，也算不上欺凌。

　　在群組內，有時會有幾個人不約而同在同一時間內，轟炸式地轉發訊息，而推送訊息的速度、次數、頻率之高，令我完全沒有時間回應。訊息內容有連登post、臉書訊息、截圖、肥媽的惡搞歌等，也有針對個人難聽的說話，甚至質疑我的信仰。他們有時甚至寫明：「你認錯，我就停。」用這種方法令我屈服，不太合理吧，言論自由變成一言堂，究竟你想聽我講，抑或要我盲目認同你？如果我要跟隨你的

意見，就不會再受滋擾，這是非常恐怖的一件事。這種軟暴力的壓迫，根本和黃絲打著言論自由的旗號相違背，很多時會令同輩藍絲不願意發表個人意見。

　　朋友是我重要的能量來源，幸好我失去了一班朋友，還有另一班朋友，其中包括前線勇武。個別勇武「食得鹹魚抵得渴」，預了抗爭要付出代價，他沒有unfriend我，想繼續維持這段關係，這是很難得的，我也會好好珍惜我們之間的友誼。

對未來的展望

作　者：區議會選舉後的第一次遊行（毋忘初心），警隊多次發放催淚彈，又稱示威者投擲煙霧餅，警民關係沒有緩和的迹象。你對警民關係的前景有何看法？對警隊又有什麼期望？

Aaron：我對區議會選舉能夠順利進行，感到高興，曾希望選舉過後是一個停火的契機，但現實是停火和談看似不可能。

　　對於毋忘初心的遊行，我從香港電台的報導中，聽到警方公關就投擲煙霧餅的人數在一日之內更改說法，最後又不置可否，這令人相當失望，難怪市民對警方失去信任。這已不是第一次，科大生周梓樂從停車場墮下，警方就曾否進入停車場也屢次改口，當時情況的確好複雜，但若未能肯定，便向公眾解釋需要時間查清楚。即使未能及時回應，讓市民責罵，也沒辦法。我的意見是，警察罵市民就輸，罵不還口就贏。

　　警隊的文化是強調「自己人」，讓我引用一句說話說明這一點：「If we don't protect ourselves, who protects us?」意思是警隊作為保護者，如果不能保護自己，誰可保護我們？大家坐在同一條船的感覺很強烈，很難容納不同意見的警員，在這封閉的環境下，警隊對自己的

言行應更為警惕，堅守公務員政治中立的原則行事為人。

　　警隊執行職責的權力，是來自市民的認同，所謂「Policing by consent（民許警治）」。警察之能夠成功執行職務，是因為市民支持及認同他所做的事情，例如警員查身分證，市民不會要求警員出示證件，不會為難個別警員，因為市民覺得警察專業，相信他們這樣做，是為了減少社會罪惡。值得注意的是，這是一個循環，當警員的工作獲得市民認同尊重，警員會更自律。換言之，紀律最大的能量是來自市民支持。若果大部分市民都認為警隊犯錯，警員或會自暴自棄，缺乏了自律的動力。

　　在反送中運動，警方固然對警暴有責任，但市民對警員的起底、杯葛等行動，只會打擊警隊的自律精神，甚至助長警暴。

　　至於警民關係，我認為市民是警察的老闆，他們要求警隊做到十全十美，是理所當然的。同時，「Police are the people. People are the police。」即警察是市民的一分子，他們受薪執行社會法則，但每一位市民也有責任履行社會法則。若果警察與公眾分離，即警察不視自己為市民，而市民又不願意履行責任，雙方處於對立位置，社會秩序將難以維持。

作　者：運動持續至今，你對社會和解的方向有何看法？對香港的前景有什麼寄望？

Aaron：市民正職上班上學、兼職抗爭，無論在訓練、裝備方面，都不及警方，因此運動持續，他們應感到疲累。警隊繼續維持防暴工作，雖然有些疲累，但內部士氣不俗。我相信大家都希望停下來，但可惜停不了，或許這是香港人堅持到底、打不死的精神。

　　要和解更是談何容易，需要政府與示威者雙方放下成見，心平氣和，但目前尚未是適當時機，雙方意難平，大家都留過血、留過淚，甚至有人喪失生命，很難磨滅，需要時間撫平傷口。

　　運動若持續下去，我很擔心會出現恐怖主義，以孤狼式襲擊、殺

害警方，這些行為一旦受到吹捧、模仿，而市民又不割席，局勢將會不堪設想。示威者曾向警方「鏟」頸，都可說是恐怖主義的一種。當示威者的怒火、不滿不斷上升，便會形成更嚴重的恐怖襲擊。

我希望政府明白，單邊獨贏是沒有意思的，政府贏到盡，市民輸到盡，只會令人感到絕望，恐怖主義便有機會發酵。

中國人要面子，政府與中央不妨應用港英政府的一套，放下身段，釋出善意。我看到五大訴求中，成立調查委員會與特赦義士兩點互相矛盾。我認為成立調查委員會，是要調查警察與示威者兩方面，雙方同樣要受到公平審訊，沒有理由示威者一方全部獲釋，示威者應該要明白，暴力手法是要付出代價的。對於一些不太嚴重的個案，我贊成雙方都特赦。我也贊成取消暴動定性，改以非法集結檢控。政府可順應民意，讓市民贏一仗。

未來的日子，相信中國會以一國為主軸，不輕易給予香港特殊地位。在反送中之前，香港年輕人放短假喜歡上大陸，飲喜茶，食探魚、海底撈，用淘寶、抖音、WeChat、Alipay，中國的軟實力其實已潛移默化影響香港年青人的生活。中央及港府採用壓迫、硬推政策只會帶來反效果，今天我所見的是「行一步退十步」，一些朋友已經剪爛回鄉證，撤除抖音，甚至取消在中資銀行的戶口，在在顯示年青人與中國的關係進一步撕裂。

我希望中國日後有大國風範、受其他國家尊重，同時逐步接受西方的民主、言論自由、集會自由的普世價值，讓香港人見到其認同的價值受到尊重。

結語

　　我就Aaron對反送中運動的成因、運動中的警民衝突、與香港前景的見解，歸納爲以下三點，作爲了解香港當前困局的基礎。

　　第一，反送中運動由修訂《逃犯條例》所觸發，但背後民怨的累積由來已久，Aaron指出社會的深層次矛盾是，一國兩制的實踐出現了不同的路徑，中央急於融合兩制、邁向一國；而香港人則抵抗，竭力維護兩制。

　　可惜至今，政府只是反覆強調社會矛盾是民生問題如高樓價、青年人缺乏向上流動的機會，一直迴避公開討論中港矛盾，無視兩制所涉及價值觀、制度、文化的分歧，那政府又可以如何開展與年青人的對話？

　　第二，運動至今持續六個月，政府採取的態度是不妥協、不對話，政治問題不由政府解決，反由警方硬處理，以武力方式執行「止暴制亂」的政策。運動未見停止，但警方的武力程度與手法更成了運動持續的動力之一。面對不斷惡化的警民關係，Aaron雖不是警政專家，但提出的意見挺有意思，警隊是向市民負責，而市民的要求是按規章、程序，執行職務，並保持政治中立，因此警察面對不同政見的示威者，都應該控制情緒，遵守法則行事。Aaron亦提醒我們，示威者對警方的起底、杯葛行動，而警方稱呼示威者「甲由」，只會引起雙方更大的仇恨，不應再延續下去。

　　第三，展望未來，Aaron對於運動在短期內能夠停止或者達致和解，都不表樂觀，因爲在這六個多月，示威者經歷了留血、留淚的傷痛，加上對政府的憤怨，難以釋懷。Aaron擔心政府若繼續寸步不讓，要贏到盡，結果只會將運動推向恐怖主義的方向。他贊成政府回應市民的訴求，如成立獨立調查委員會調查警察與示威者，並對一些輕微個案施予特赦。同時，對於中央政府，Aaron認爲強硬手段無助於民心歸向，應用心聆聽，深入了解香港民情，及以開放、包容的思想，影響年青一代。

　　普選行政長官是維護一國兩制不可或缺的手段，在佔中運動，年青一代發出了清晰的聲音，就是過去和理非的手段無法爲香港帶來眞普選，今次反送中

的暴力方式成為了運動進化的方向。從佔中到反送中，Aaron都不認同暴力與違法行為，香港可以如何以非暴力的手段達致「一國兩制、港人治港、高度自治」？或許大家可以繼續在這方向上探索。最後，我們感謝Aaron接受訪問，他對政府、中央、警隊的忠告，擴濶了我們對藍絲光譜的了解。

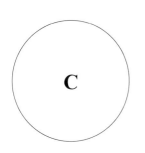

Restart（重新啟動）

—— 香港人可在制度下按這個掣嗎？

　　自修訂《逃犯條例》於社會上受到各界注視開始，受訪者C（化名）身邊不乏朋友、親人討論有關條例之修訂對其自身及社會的影響，與及有可能導致的後果。雖然C支持反修訂《逃犯條例》之運動，認為政府忽略民意，強行推動修例引起民憤，但除此之外並無太大感受。他第一次參與有關的運動為6月16日舉行、有二百萬零一人參與之遊行。當時他認為是全民參與一個和平表達意見之活動，唯及後眼見政府對市民表達意見之打壓，與及警察各種暴力對待市民之行為，驅使他逐漸投入今次的運動。

　　於至今四個多月的運動期間，雖然C有參與期間的一些遊行及集會，以及一些網上聯署就個別議題表達意見，但他認為和理非的行動未能令政府正視問題和回應民意。他指出經過6月9日和6月16日分別有超過一百萬和二百萬人參與之遊行，政府仍堅持進行修例程序，漠視市民反對的聲音。反而示威人士於6月12日阻攔立法會二讀，卻成功阻延立法程序，促使6月16日更大型的遊行，最終令政府暫緩修例。故此他更積極參與較激進的示威活動，例如前線或防衛之行動，亦有協助物資運送、傳遞等支援工作，他甚至曾於示威現場驅趕襲擊市民的黑社會。而及後政府決定強硬鎮壓示威活動，與及警方暴力對付示威人

士、記者、救援人員、甚至普通市民，更令他決心走得更前，向政府表達不滿和市民之訴求。

受訪者的政治理解

C認為修訂《逃犯條例》只是市民長期對政府不滿的導火線，而這場運動爆發的主因為政府漠視民意，一意孤行地推行種種不利香港民生、人民自由的政策，令市民生活越趨艱苦。而警隊種種惡行，包括對示威人士行使過分的暴力、無視法律對執法人員的約束、以至濫補濫權而製造白色恐怖，意圖嚇退市民表達對政府之不滿，都令這場運動達至前所未有之程度。根據C親身在示威現場的經歷，警察經常主動挑釁示威人士，並無故行使武力於途經之市民，反映出警隊已達至失控和無視法紀的地步，嚴重威脅市民的人身安全和自由。

除此之外，他認為政府的施政往往亦忽略問題的根本，例如貧富懸殊、忽略民生所需、政策向既得利益者傾斜。而政府高層人士亦與時代嚴重脫節，不知民間疾苦，以致政策未能解決社會上各方面的問題。由前教育局局長羅范椒芬的「天使論」[1]，到立法會議員葉劉淑儀認為Airdrop、Telegram等科技為外國勢力的證據均反映他們以自身的意識形態，蓋過一般人應有的常識。故此，作者認為年輕人於這場運動擔當著重要角色的原因，正是他們認為政府沒有關心年輕人的想法及將來，使他們感到絕望，繼而希望為自己的將來爭取一個公義的社會，令政府實施的政策不會向某一方的利益傾斜，使社會各方有較公平的機會於香港生活。

另一方面，C亦提出香港人普遍缺乏公民及政治意識，遇到不公義的時

---

[1] 網上曾流傳一則文章，指有少女被誤導為前線示威者提供免費性服務，而這類少女被稱為「天使」。羅范椒芬在9月9日出席電台節目時聲稱資訊來自「朋友的朋友的女兒」，堅持資訊可信。

候，往往選擇不發聲甚至逃避問題。這情況美其名爲愛好和平，實際上反而令不公義情況變本加厲。他認爲這場運動反映出香港人面對不公義時，都沒有積極反抗，出現「平日上班，放假抗爭」的情況。他亦舉出運動各方面升級的例子，如警察暴力升級時，示威人士的武力亦只停留於爲警察製造不便的程度，並無明顯提升武力對抗，結果形成一個武力嚴重不對等的情況。

對這場運動的感受與期望

　　至今四個多月的抗爭運動中，C印象最深的經歷爲7月21日於西環的一場示威運動中，被警方使用不適當武力驅散的過程。當日他於前線較後的位置，認爲一定時間內警方會施放催淚彈驅散，但並沒料到警方會從橋上高處向地面射催淚彈。當時他感到非常憤怒，認爲這對橋下人士非常危險。由於現場非常混亂，現場人群隨即四散，混亂間他曾捉著同行人的手臂，對方卻撇開他的手而顧著逃走。此外，曾經出現當前線人員大叫傘陣時，後方人員竟於後排架設傘陣，並沒有爲前線人員作出掩護。此等均顯示部分前線示威人士缺乏經驗與及危機意識，發生衝突時往往未能及時作出適當決定，以致令自己甚至同行人士身處險境。因此他一方面投入與前線人員之訓練，另一方面於發生衝突時，他會讓隊友先行離開，自己則負責殿後拖延警方的驅趕行動，從而令同行人士全身而退。

　　被問及反送中運動的延續性，他認爲基於政府對民意的充耳不聞，與及警隊持續濫暴的情況，此次運動至少會延續至2020年中，而此等事件一直發酵，並變本加厲，促使市民繼續上街發聲。而他亦估計因爲警方不斷打壓群眾的集會及遊行權利，運動會由逢周末舉行的大型集會、遊行，慢慢演變爲局部地區的快閃行動。他指出運動不斷持續，除了政府不回應市民訴求、警方濫暴外，政府架構存在著很多漏洞，出現利益輸送，亦令市民對政府的不滿日益增加。例如創新及科技局批出之撥款和進行的計劃，均存在大量漏洞及其可行性存

疑。反觀於反送中運動期間，民間的行動與及創意，都反映出政府所執行的政策，與民間的需求大相逕庭，令人質疑所投放的資源有否好好運用，與及是否存在利益輸送。

對於這場運動的期望，他認為最重要為釋放被捕的示威人士，與及撤銷所有控罪。因為這次運動的起因為政府漠視民意，一意孤行推行修例，令人民要上街進行抗爭，其後警隊的濫捕及濫暴，更令被捕人士受到極不公平、不人道的對待，更要受到不平等的法律所逼害，所以被捕人士的控罪並不成立。故此，改革警隊，甚至政制改革為另一重要的訴求，否則政府繼續漠視民意推行一些扭曲社會的政策，人民繼續上街抗爭，繼而受到警方的打壓、濫捕，進入一個惡性循環，對整個社會只會百害而無一利。

經過這次的運動，C覺得普遍市民面對不公、打壓時，雖然會有抗爭的思想，但並未有足夠的準備進行抗爭。他認為「時代革命」並非只是一句口號，而是需要一定的犧牲，特別於前線的示威人士更需要有足夠的準備，面對警察的濫暴及攻擊。故此，他特別投身於鍛鍊前線示威人士，例如體能、心態、戰術等等，希望於面對警察時，能防禦對方的攻擊，甚至制服對方，達到一個比較均等的形勢，能持續進行抗爭，直至政府回應市民的五大訴求。

對這場運動後續的見解

C認為現時市民對政府的不滿，已經慢慢由漠視民意，轉變為警隊無視法紀，侵害市民的人權，以至人身安全。故此，他現時最渴望的訴求為重組警隊，因為現時警隊的濫暴、濫權等作風，均源自由上而下的腐敗，所以警隊高層必須為此負責下台，繼而進一步調查這場運動以來違反法律的警員，令公義得以彰顯。唯現時民間未有一政共識，例如解散警隊的後果有可能導致解放軍借故來港，收拾警隊留下的殘局，故此政府必須進行獨立調查，以深入了解市民對整場運動之不滿，並作出令普羅大眾接受的決定。如果民眾一方必須要作

出退讓，他認為整個過程可能需要長時間去落實五大訴求，但政府必須要制定一個時間表，並須確實執行有關的政策。而過程中可設定一段「休戰期」以釋出善意，在此期間，無論示威一方，還是政府或警隊，均不可有任何行動，例如衝擊堵路，或無故濫捕，製造白色恐怖。不然整個談判過程都會變得沒有意義，進入一個惡性循環的狀態。

他認為若要修補社會上的撕裂，應從最基本的道德和良知去判斷現時社會上的問題，例如於抗爭上的衝突，雙方都有做錯或有問題的地方，示威者一方會勇於承認犯錯，但警方只會以言語扭曲事實的邏輯，以掩飾其犯錯的地方。而市民現時對政府失去信任，要重拾對政府的信任，政府需尊重人權和願意聆聽市民的訴求，並非擺出一副高高在上的姿態。市民有權利表達意見，而政府亦願意因應市民的聲音而改變政策，從而令大部分市民接受，這樣才能團結社會上各方面的人士，令整個社會以一個能平衡各方利益的方向重新發展。

從這場運動中，C認為他自己或甚至香港人對於「香港人」的身分有更深的認同。跟據民調，大部分的香港人更傾向認同自己是香港人而非中國人，而他們亦對香港這個社會有不同的見解。過去數年，尤其在2014年雨傘運動後，普遍香港人著重個人的生活質素，關心吃喝玩樂，忽略身邊發生的人和事，以至人與人之間的關係十分疏離。現時，人與人之間的關係不但比以往緊密，而且互相信任的程度更可謂處於一個史無前例的高點，他更從這場運動中認識了很多來自不同背景的人，擴闊了自己的眼界和更了解不同背景的人士對這場運動的看法。他認為這些有著相同或近似立場的人，逐漸形成了自己的民族意識，而他們亦願意投入更多的時間和資源，支持這場運動去爭取屬於自身的人權和公義。

他認為這次反修例的一連串事件，屬於一場革命的序幕，普遍香港人因而覺醒其公民權利逐漸被剝削，開始作出抗爭，對抗極權。街頭抗爭，包括集會、遊行、甚至比較激進的衝擊，為第一階段的抗爭。他預計香港人會慢慢審視自己各方面的權利有否被侵蝕，從而作出不同程度和類型的反抗，例如11月舉行的區議會選舉，罷買有中資背景的商戶，支持有抗爭理念的商戶和活動，

與及生活上形形式式的抗爭。這些行動均可以增加抗爭的持續性，甚至升級至另一階段。而社會上有聲音指抗爭活動為暴動，但C認為暴動所帶來的破壞，遠比現時香港所面對的更為嚴重。過去世界上不同地方所發生的暴動，均會對市面的商店進行無差別的破壞，甚至出現搶掠的情況。但現時示威者針對的商戶或機構，均直接或間接侵蝕香港人權和自由，對其進行破壞屬於一種象徵意義多於純粹發洩的行為。最近區議會選舉的結果正正反映出政府對市民和平表達的意見充耳不聞，令普羅大眾接受逐漸升級的行動，令現時運動普遍受大眾支持。此外，示威人士不時展示出其溫情和富有人性的一面，譬如幫助受催淚彈影響的動物洗眼，協助受傷的途人進行急救，這些舉動都和警察濫用暴力有著強烈的對比，令普遍市民傾向支持示威人士的一方。

對未來的展望

C認為香港以往的核心價值，往往與經濟離不開關係，但經過這次運動，很多香港人都醒覺自由和人權才是維持社會穩定和經濟發展的重要因素。香港正正因為社會擁有一定程度的自由，所以過往才能吸引外來的資金，經濟才會蓬勃發展。而現時無論言論、集會、新聞等各方面的自由都受到嚴重威脅。大機構的員工可以因為網上言論被解僱，員工為保住工作只能噤聲。而記者採訪經常被警方以武力干擾，令報導往往不能正常進行。因此，他認為自由受打壓的人士，應該運用其自身擁有的權利，在所屬的領域作出反抗，例如記者最近因不滿警方不斷以謊言掩飾其過失，杯葛每日的例行記者會。只有社會上廣泛參與抗爭，才會有本錢逼使政府回應市民訴求，與及維護更重要的核心價值。

對於香港未來社會運動的發展，他認為現時抗爭的規模和程度，與及接觸的層面都屬史無前例。由於普遍市民均認為和平抗爭作用不大，他預計武力抗爭將會成為常態，一些零星但具騷擾性、甚至傷害性的攻擊可能會愈趨頻繁，例如伏擊休班警察或一些侵害人權的人士，均可達到對對方作出阻嚇的目的。

他用了「重新啓動」（restart）這詞去概括對香港未來的想像。他認爲香港人有各方面的能力，肯拼搏，而且刻苦耐勞，即使嚴重至無政府狀態，他亦相信香港人很快可適應。他舉出當市面上交通燈被破壞，駕車人士普遍會互相禮讓，有行人甚至自發幫忙指揮交通，令路面交通所受之影響減至最低。又例如當將軍澳寶琳邨發生斬人事件，面對警方的不作爲及故意拖延，民眾自發於屋苑範圍搜集證據，甚至比警方更快查出疑兇的行蹤。另一方面，他認爲香港的家長普遍著重子女對學業的追求，缺乏體能上的鍛鍊，當遇上抗爭時往往未能達到理想的效果，令自己或同行人處於劣勢。他認爲香港人需要對未來可能出現的不公或抗爭做好準備，例如平常可多參與一些體能鍛鍊、類似軍訓的活動、或像歷奇冒險的運動，這樣才能有能力和膽量作出反抗。

從學者角度分析社會及社會事件

筆者主要從事城市規劃與都市氣候相關之研究，過往參與政府顧問研究的經驗都可反映出現時社會（尤其是政府部門）的情況。大部分與規劃有關的顧問項目，往往源於政府的政策方向，很少會就民間關注的事項進行深入研究才作出決策。即使個別議題與民生有著直接或間接之關係，顧問研究都傾向著重客觀數據分析，而忽略市民對這些議題的意見。筆者認爲這種由上而下的城市規劃及環境設計，縱然從美學或環境方面達到一定水平或相關法例或專業要求，但現實往往與使用者的需求有所落差，以致使用情況不理想，甚至會影響市民的日常生活。日後政府應認眞考慮市民（使用者）的意見，並制定法定框架，將其納入政策或往後發展的方向。這可減低政策「離地」的情況，令市民的需要眞正被重視，達至利民的效果。亦可避免後續的維修、更新設施，減少浪費公共資源。故此，政府施政應多考慮人文、社會的因素，與及社會上各方的反應。

另一方面，官僚主義於政府各部門仍然十分常見，筆者曾參與顧問研究的

方向，往往受到政府政策的框架所制限。一些涉及科學理論的議題，例如氣候變化帶來的溫度上升和極端酷熱天氣的影響，即使科學實證證明溫度上升趨勢會急速加劇，為社會、基建、市民生活帶來前所未有的影響，但政府部門均傾向採用中低排放量的情景，這樣很容易會低估氣候變化所帶來的影響，對社會和市民的日常生活帶來不可預知的風險。而各部門對顧問團隊所提供的專業意見，往往亦抱著質疑其發生可能性的態度。須知道氣候或氣象變化難以捉摸，即使用上最精密的計算，也只能提供合理（或可能出現）的推算。政府部門理應制定應對方案，以防止或減低氣候變化所帶來的人命和財產的損失，但他們卻希望以中低排放量之準則，減少對現有政策或守則的改變。這種做法反而會令災難發生時，造成更大的人命傷亡和損失。因此，政府應正面應對社會上的各種變化，就問題之根本檢視現行政策的漏弊或不足，方可解決社會上各方的問題。

筆者認為現時社會發生的事件，共同的原因為政府（香港及中央政府）採取由上而下的方針，而政府高層亦因各種原因未能掌握民間的情況，政策可謂十分「離地」，因而激起民憤，導致今時今日一發不可收拾的局面。若政府繼續忽視民間聲音，或拒絕將人民的訴求向高層反映，民間抗爭只會繼續下去，甚至蔓延至社會各階層，屆時只會更難收拾殘局。

新枝 社會運動作為教育過程：一個中學畢業生的抗爭之路

離開學校的旁觀者

　　2019年6月，新枝（化名）剛剛完成中學文憑試，開始約朋友爬山露營，希望回到文憑試前的正常生活：週末郊遊，偶爾看看小說，與親友吃飯聊天。2019年初鬧得沸沸揚揚的《逃犯條例》爭議似乎未引起他的關注，3月和5月的遊行，他正忙於考試，沒時間理會，而且，他覺得中學生在政治問題上沒有什麼角色可言，知道修訂《逃犯條例》的問題又如何。6月9日早上，當百多萬市民穿著白衣游走在維園到金鐘的街頭時，他正和好友享受爬山之樂，沐浴於午後和煦的陽光。黃昏回家，父母如常開著電視吃晚飯，閒話家常。新枝的父母是典型的中產，胼手胝足，把一分一毫都省下來，在九龍區買了一個居屋單位，對打工仔來說，這已經是很了不起的成就。新聞播放著一百多萬人夜以繼日從維園走到金鐘的畫面，新枝的父母不大在意，但對新枝來說，那個畫面很震撼，他從來沒有見過有這麼多人聚集在街頭。他問自己，一百萬人是怎樣的概念？每間學校大約有一千個學生，一百萬人就是一千間中學學生的總和，他難以想像自己置身在一千間學校的學生之中。是什麼令一百萬名市民走上街

頭？那天晚上，更多遊行畫面從不同媒體傳來，處處人山人海，但秩序井然。他問自己：修訂《逃犯條例》真的這麼重要嗎？為何那麼多人扶老攜幼、頂著太陽，都要走上街頭？那夜，父母很早便睡了，他們星期一還要上班，但新枝不斷更新網上媒體，想盡早知道政府如何回應。他相信，政府會聆聽市民的訴求，就好像他在通識教育科學過的，2003年五十萬人反對「二十三條」立法，又或初中那年的反國教運動，政府都順應了民意。然而，政府的聲明令他很愕然，行政長官林鄭月娥堅持6月12日在立法會二讀《逃犯條例》修訂。新枝如夢初醒，政府的回應與他的想像截然不同，政府視民意如無物。那一夜，立法會外警察與示威者爆發衝突，政府歸咎示威者的暴力觸發衝突事件。新枝徹夜無眠。

2019年6月前，新枝從沒參與任何社會運動，他覺得六四事件離他太遠，1989年他還未出生，至於每年的七一遊行，他也覺得無關痛癢，7月1日只是普通的假期，他會約朋友去玩。他依稀記得雨傘運動，那年他剛上中學，連雨傘運動的目標也不知道。然而，6月9日晚上，看到人群眾志成城，他突然覺得自己應該是那一百萬人中的一個，身為香港人，他有責任弄清楚條例的內容。之後幾天，他大量閱讀《逃犯條例》修訂的資訊，如Youtube上的懶人包、臉書的專頁，他驚覺《逃犯條例》修訂嚴重威脅香港人的自由，他與同學討論，探討條例修訂的問題所在，更希望置身遊行現場，親身了解人群的訴求。

後排的和理非

6月12日，新枝清早出門，七時左右便抵達金鐘，文憑試後，他多讀了課外書，那天他隨身帶著米蘭·昆德拉的《生命中不能承受之輕》。他沒打算久留，預計立法會宣佈停止二讀《逃犯條例》修訂便離開金鐘，約朋友敘舊。他離開港鐵站，沒戴口罩，見街上人頭湧湧，他沿行人道走上前排，看看示威者是否如政府所說的暴力，這是他人生第一次走進示威人群之中。上了前排，他

看到示威者站在鐵欄後方，有的叫口號、有的緊握鐵欄，但沒任何衝擊行為，就在僵持的瞬間，警方突然向示威者射胡椒噴霧，後排的人開始向前排送上雨傘。新聞的畫面成為眼前的現實，人群為相同的理念走在一起，聲勢浩蕩。他一直覺得，香港人各家自掃門前雪，只顧自己，很功利。然而，6月12日，那個正常的上班日子，仍有如此多人走上街頭，他對香港人改觀了。後來，有消息指立法會主席宣佈押後二讀，新枝以為目標已經達成，事件會告一段落，便離開了金鐘與朋友見面。談到這裡，他眼睛紅了，流下淚來，事後回想，他感到很懊悔。他想不到離開金鐘不久，警察便向示威者發射催淚彈和橡膠子彈，有人被射盲眼、有人中彈倒地，他覺得自己離棄了在場的人，他寧願留在現場，和其他示威者齊上齊落。

　　6月16日，為了補償遺憾，新枝帶著比他小兩年的弟弟參與民陣發起的遊行，他沒有遊行經驗，打算從銅鑼灣走到維園，再由維園出發。新枝和很多人一樣，擔心6月16日的遊行人數會比6月9日的少，但他錯了，銅鑼灣鐵路站水洩不通，上到地面，人群便從四方八面擠過來，他和弟弟根本進不了維園。和6月9日不同的是，遊行人士穿上黑衣，神情悲憤，高叫口號，追究警方濫用武力，要求成立獨立調查委員會。6月16日的遊行人數比6月9日更多，但事與願違，政府只是宣佈「暫緩」修訂《逃犯條例》，拒絕撤回條例草案，更拒絕成立獨立調查委員會。新枝忿忿不平，不明白政府為何能對二百萬遊行人士的訴求置若妄聞。從此，他更積極投入這場運動，不論添馬公園的集會、堵塞政府部門的不合作運動，向各國領事館求援的遊行，抑或到律政司外請願，不論警方是否發出了不反對通知書，他都會參與，半個月之間，一個中學剛畢業的旁觀者變成社會的抗爭者。7月1日上午，他一早便到「煲底」（立法會示威區），希望阻止升旗禮進行，他希望政府知道，若政府不答應示威者的訴求，反對的聲音只會更響亮。他說，特首林鄭月娥在會展內說與年輕人溝通，但年輕人就在立法會外，她怎麼不走出來對話？她根本是自欺欺人。7月1日，在金鐘的十字路口，一邊是從維園遊走到遮打花園的群眾，另一邊是衝擊立法會的示威者。新枝選擇留在立法會的示威區。他並不贊成衝擊立法會，認為衝擊行

為只會加劇警民之間的對峙，但由於當晚立法會外不乏年長的示威者，他遂與其他示威者一起，手拉著手，築成防線。怎料，防暴警察向立法會示威區推進，並向示威者揮棍，有人頭破血流，他立即走上前排位置，讓年長及年紀較小的示威者可先離開衝突現場，這個時候，後排有人把頭盔戴在他頭上。縱使他在新聞片段看過6月9日及6月12日警方使用的武力，但他仍然相信警方不會隨意攻擊示威者。但7月1日晚，他親身體會到香港警察的「暴力」，每一枝揮向示威者的警棍，都在敲醒新枝。於是，當示威者成功攻佔立法會後，他也緊隨而入，一方面是要宣洩對政府和警暴的不滿，另一方面也希望仿傚台灣的太陽花學運，透過佔領立法會迫使政府回應訴求。

新枝從遊行素人變成常客，唯一不同的是，自7月1日起，他都會戴上口罩。雖然有抗爭者鼓吹行動升級，但新枝相信和平示威仍是最佳方法，既可宣傳反修例的理念，亦可繼續向政府施壓。7月21日，經過多次分區遊行，民陣發起重回港島的大遊行，新枝響應行動，一如以往，戴著口罩跟著遊行隊伍走到金鐘。但新枝並沒有在終審法院停下，他跟著前線的抗爭者走到西環。他沒打算衝擊警方防線，只希望在有需要的時候支援同路人，即使成為警暴的見證人也好。他站在後排，遙遙遠望，突然間，一顆催淚彈落在他腳邊，他身邊都是沒有裝備的市民，從沒吃過催淚煙的他以為自己死定了，他退到內街，還不敢相信警方會把催淚彈射向後排，這時候，不知誰把「豬嘴」（防毒面罩）遞給他，把他拉走。他自言不是前線，也沒有當前線的勇氣，但這一顆落在腳邊的催淚彈令他醒覺，只有充足的裝備，才能全身而退。從此，他背包裡都放著「豬嘴」，希望有需要時可以支援前線，救援有需要的抗爭者。

前排的滅煙隊

當新枝吃催淚煙的時候，元朗的白衣人正無差別襲擊歸家市民。上街遊行的風險不斷增加，新枝也不再孤身上路。7月21日後，他加入了Telegram群

組，與舊同學聯絡，組織滅煙隊，專門應付催淚彈。他觀察和學習其他示威者的滅煙方法，用水淋熄催淚彈，也用鐵碟蓋住催淚彈。最深刻的經歷，發生在深水埗警署外，經過半個月的練習，他已是滅煙能手了，那夜，警方一如既往，向示威者發射催淚彈，他立刻撲前滅煙，就在這個時候，一輛警車駛來，警察以迅雷不及掩耳的速度，將示威者拘捕，抓捕行動跟他擦身而過，他第一次察覺到拘捕行動和自己的距離如此接近，也明白到警方不再以驅散示威者為目的。警方已改變策略，要大規模抓捕示威者。

　　他害怕，但也不斷提醒自己不要屈服。後來示威的方式不斷變化，以流水和快閃的方式進行，他仍以滅煙為任務，遊走前線和後排。雖然如此，他開始疑惑：第一，他覺得示威者的力量與警方的武力完全不對等，他們成功滅煙後，警方又會提升武力，發射催淚彈的數量不斷增加，催淚彈的毒性不斷加強，如此惡性循環，示威者難以招架。其次，他認為大多數示威者對自己都有道德要求，包括他自己，都不會襲擊警察，即使有示威者被無理拘捕或被打至頭破血流，都只是舉起雙手，不會傷害警員，所以所謂的抗爭升級，不會從防守變為攻擊。第三，他認為整個運動的目的並非要應付警方的暴力，而是要針對不公義的政治制度。前線抗爭的確能抒發心中的不滿，但不斷游走街頭，他實在難以確保自己和隊友的安全，更大的質疑是：滅煙會否間接令前線的示威者打陣地戰？這樣的抗爭方式會否令前線「送頭」（白白犧牲）？因此，經過8月底荃灣楊屋道的衝突後，看到太多示威者被捕和受傷，他放下了滅煙的角色，重新思考自己在運動中的定位。

社區文宣

　　8月23日的人鏈活動是他參與這場運動的轉捩點，正當他反思滅煙對整場運動的作用時，他在人鏈活動中認識了新朋友。從港島的遊行到各區開花，新枝游走到不同的地區，但人鏈活動卻將流水般的示威者重聚於自己的社區，新

枝當晚在自己社區的港鐵站外拉人鏈，與他一起的，原來是同一個社區的文宣組。人鏈活動後，他們一起討論運動的去向。他們覺得，行動升級的目標不在於對付警暴，而是要凝聚示威群眾，並尋求國際注視。社區文宣組邀請新枝加入文宣隊，與其武鬥，不如文攻，用文宣把運動的目標和理念推廣到社群之中。從此，新枝放下了「豬嘴」，拿起了防水袋、噴膠和牆紙粉，每星期都和隊友到社區的天橋貼文宣，討論運動和政局的最新變化。運動不斷轉變，警方開始拘捕貼文宣的示威者，也有不滿連儂牆的市民襲擊貼文宣的人。然而，新枝覺得文宣即是最草根的民主教育，即使風險不斷增加，他也義無反顧。訪談那天，他正在張羅牆紙粉，因為很多店主都表示，牆紙粉開始供不應求。

學校在圍牆外

　　離開學校，便一頭栽進反修例運動。在參與的過程中，他才看到香港政治的問題，從修訂《逃犯條例》的爭議發現香港政府對市民的訴求視若無睹，他察覺自己活在不民主的政治制度中。他對行政長官林鄭月娥也有過期望，以為超過一定的遊行人數，政府便會回應訴求，怎知一場反修例運動，揭示政府可以視民意如無物。通識老師教過參政階梯，市民從諮詢到議政都能介入政策制訂，但參與了這場運動，他才意識到非建制派的立法會議員隨時被取消資格，建制派議員對行政長官無條件支持，立法會無法制衡行政部門，政府可以為所欲為。他也曾相信香港司法獨立，這也是學校教他的，但當他深入研究香港法官的委任程序，才發現行政長官有可能在任命法官的過程中影響司法的獨立性，他開始質疑香港的行政、立法和司法三權能否互相制衡？曾經以為和自己無關的雨傘運動和魚蛋革命（或曰2018年2月8日的旺角騷亂）也變成很重要的歷史事件，原來兩次運動都是香港人追求民主和自由的嘗試，但以失敗告終。

至死方休？

　　行政主導的政治體制能否與民主精神相容？6月16日後，新枝幻想過政府能以實際行動回應訴求，例如正式撤回修訂《逃犯條例》和成立獨立調查委員會追究警暴。然而，經過半年的抗爭，警方濫捕的問題愈來愈嚴重，很多示威者被捕、扣押和判囚。他認為政治問題不能以法律程序解決，既然警民衝突因修訂《逃犯條例》的爭議而起，政府必須撤回暴動定性和撤銷示威者的控罪，才算是承擔政治責任。雖然他堅持「五大訴求、缺一不可」，但他亦同意，政府成立獨立調查委員會，檢視警方的執法方式，是解決問題的第一步。但最終來說，所有問題的核心是香港政制問題，政府必須落實真正的雙普選，才能令運動完結。沒有真正的雙普選，即使運動在現屆政府暫時退卻，但未來政府的施政仍會舉步維艱。唯有主權在民的政治制度，才能使政府聆聽人民的聲音。

　　現時社會黃藍陣營楚河漢界，新枝只會光顧黃色食肆，身體力行罷搭港鐵。他形容自己和示威者就如螞蟻，家園被入侵的時候不得不反抗，無權的一方談不上任何退讓。因此，社會撕裂的責任全在政府，是政府運用公權力打壓抗爭運動、視抗爭者為敵人，才會激起抗爭者以經濟手段還擊。這場運動令他的公民意識覺醒。雖然「五大訴求」仍未實現，但「時代革命」卻在運動過程中深植人心。很多香港人看世界的方式轉變了，對政治不再冷感，不同的抗爭方式（和理非和勇武）互相配合。他以前覺得香港人只顧自己、利益至上，只滿足於物質，但在這場運動中，大家追求民主、自由和人權等精神令他動容，也因此確立自己香港人的身分。他說，只有「煲底相認」（抗爭者毫無顧忌地在立法會外以真面目示人）的一天來到，這場運動才會結束。

　　新枝認為，運動至今未發展到拋頭顱、灑熱血的程度，算不上革命運動。他自己也怕死，從沒想過會被控暴動，但談到八三一事件，港鐵和警方至今也未能交出閉路電影錄影，證明當晚太子站沒有市民死亡，周梓樂同學也在警民衝突後墮樓身亡。即使他不會「送頭」，但也有覺悟，只要走上街頭，隨時會

被拘捕、控以暴動罪，甚或非自然死亡。談到這裡，剛滿18歲的新枝倒抽了一口涼氣說，今天仍然在生已經很幸運。

然後，香港

關於未來，新枝希望運動繼續以流水形式進行，保持彈性、見招拆招，絕不可建大台，避免政府有焦點地打壓，也不用給任何抗爭者戴上光環。他更希望政府答應五大訴求，運動完結，香港人可以雙普選的方式選出有民意基礎的行政長官和立法會議員，立法會不會因為功能組別的存在而扭曲民意，基建項目亦不再由政府和建制派決定，從而達至真正的港人治港、一國兩制。香港，必須是香港人的香港。2047年，新枝將會是40多歲的中年人，正值盛年，他認為香港現時沒有能力和條件獨立，但仍要成為國際城市，充當西方國家和中國的匯合點。他希望未來的香港人仍然能自由地生活，不因言論、信仰和政治立場而入獄。社會關懷弱勢社群、尊重差異，保持多元性。他寄望這場運動令香港人知道，只有不斷追求民主和法治，才可以延續自由和多元的核心價值。

在新枝父母的眼中，剛滿18歲的兒子可能和之前沒有什麼不同，仍一臉稚氣。其實，新枝知道自己愈走愈遠，在家甚少與父母談論政治，抗爭和文宣的裝備和工具都藏起來，不讓父母發現。我問新枝，父母知道你6月開始經常參與遊行示威嗎？新枝說，猜到吧，但沒刻意問，但間中會叫我早點回家。可能，對新枝的父母來說，兒子最大的分別，是多出了夜街，但他們並不知道，新枝正經歷一場浩浩蕩蕩的成人禮。香港曾經擁有的「自由」和「多元」或許是賜予的，但新枝希望香港將來的「自由」和「多元」卻是人民從街頭爭回來的、從下而上建構的，是沒有人能夠剝奪的。

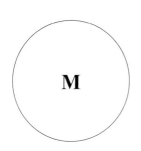

藍絲轉黃絲，
為求公義無底線*

*由編輯團隊摘錄自篇章

　　受訪者M（化名）自《逃犯條例》修訂在今年5月立法會二讀審議開始，已十分關注其對中港關係和司法獨立的衝擊。他明確表達自己支持整場反修例運動。其實，早於6月9日以前，M已開始積極參與各場反修例遊行（含擺街站）及集會。除前線／防衛行動外，M基本上參與所有相關活動，甚至包括一些協助被捕人士的行動。當受訪者細訴參加這場運動的原因時，他認為整個條例的修訂完全傾向中國大陸，令香港人失去自由，而警察暴力驅散、清場及鎮壓又反映了現時特區政府的脆弱和無能。

對運動及政治的看法

　　M大致上認為運動爆發的源頭之一，是特區政府在修例的評估及相關措施上一系列的失誤。政府一起始就無視程序公義，只以很短時間作公眾諮詢。就算6月9日一百萬人上街和平示威爭取撤回修訂，特區政府選擇無視訴求，並恃著建制派在立法會的多數，期望盡快強行在立法會通過，最終釀成6月12日的

衝突等一連串的事件。而在二百萬人上街前夕，雖然林鄭月娥宣佈修例暫緩，但是其說法被指是「政治把戲」，意圖等待機會讓修例捲土重來。不過，M也清楚修例爭議只是冰山一角。他認為更深層的原因是自2014年的雨傘運動後，香港的政制發展停滯不前，而前任政府或林鄭政府都只嘗試以所謂的「物質」作為解決方法。事實證明香港人並不單純是「經濟動物」，仍然渴望真正的民主自由。反修例運動反映出一國兩制實際上也出了問題。一方面，中央對香港社會的掌控遠遠超過一國兩制的範圍。例如中聯辦對特區政府包括警隊的控制，及對大型公共、私人企業如港鐵及國泰航空的「干預」，已達到了無法接受的程度。個人對反修例的意見已成為被裁員的理由；港鐵的行車班次及服務也很大程度要配合警方執法。另一方面，立法會在體制上隨著特首引用《緊急法》作《禁蒙面法》的立法而失去對行政機關的制衡。

問及在這場運動中印象最深的經歷，M表示是在社交媒體中見到七二一元朗港鐵站內大批示威者被白衣人襲擊的畫面。他覺得這些畫面實在太震撼了，甚至無法相信這樣的事會在他所成長的香港出現。警察竟然可以公然與施襲者（黑社會）「勾結」，不顧普通市民的生命安全。他反覆地質問警察的使命是什麼？香港人還可以相信警隊嗎？這個經歷促使M更積極投入這場運動之中。無論捐錢、遊行集會及文宣工作也一一「略盡綿力」。他不敢說自己付出很多，比起運動義士，自己只是付出一點支持這個彰顯公義的運動。

與M傾談時已踏入了11月初。當時，他認為運動仍要持續二至三個月，因為目前並未有停止運動的誘因，故此對示威者而言，延續下去不過也是唯一及最佳的選擇。不過，M也認為唯一仍有機會影響到整個運動的發展，就是11月尾的區議會選舉能否順利進行及選舉最終結果。若果非建制派取得大勝，所構成的政治壓力或多或少對林鄭政府以至北京都有影響，或有助紓緩事態急速向下。大勝也有機會令和理非與勇武派「被」分化。無可否認，M對前景都感到十分悲觀。因為他覺得就算局勢相對平靜，白色恐怖以至警察繼續拘捕相關人士也會令事態發展變得不明朗。

M認為這場運動對整個香港而言，能讓不少香港人從政治冷感中醒過來，

不願只顧經濟及物質的需要。香港人必須堅持下去。他也十分期望實現「五大訴求，缺一不可」。M坦言自己的家庭環境不錯，自小父母都教導其要走一條「舒服」的路，出人頭地，所以他的政治立場在2014年的雨傘運動時偏「藍」，對當時的示威者行為百思不得其解。之後幾年間，他開始透過不同渠道更了解香港民主運動的歷史及一國兩制的問題。以至到現在的反修例運動促使他再一次反思自己所要的是甚麼，並由「藍」變「黃」甚至「深黃」。

至於香港人最渴望的訴求，M認為是實現真雙普選。這是最基礎的要求，讓整個香港社會制度徹底進行結構性的改變。有了這個根本性的革新，其他訴求才有望得到落實。或許有人認為警暴（或是成立獨立調查委員會）是最大的訴求。可是，只能獨立調查過去幾個月警方對示威群眾的方法並不足夠。不義的政治制度才是警暴以至一國兩制失衡的原兇。

對於M而言，就算這場運動最終可以「坐下來」進行談判，在示威者的角度根本沒有退讓的空間。他強調這個運動由開始至今已有太多人犧牲了，包括被捕的、受傷的、輕生的或懷疑「被」自殺的。讓步只會令大家覺得我們愧對已失去的「手足」。又或者轉換一下角度，政府一方又有沒有讓步的可能呢？林鄭政府如果真的聽從民意，就理應盡快撤回修訂條例及對整件事作獨立調查。不過，經歷了這幾個月的「止暴制亂」，他也不相信政府會願意作一些有意義的讓步。

M無可置疑地指出，林鄭政府及北京當局都要理解整場運動的性質，從而作出相對應的方法去修補社會的撕裂。這場運動的「初心」是對修訂《逃犯條例》程序的不公義以及條例內容的不信任而產生的。所以，政府只把所謂的「深層次矛盾」塑造成「年輕人買不到樓」，無疑是「下錯藥」，根本不能解決問題，更加不能修補社會撕裂。其實，林鄭團隊首先要為整件事問責，並願意重啟「政改」，落實雙普選，才可勉強令香港人回復信心。

老實說，M清楚表明香港、香港人及其自己已經不再一樣。大家願意也好，或不願意也好，都無法返回幾個月之前所熟悉的香港。當然，從負面角度，香港的社會環境、經濟狀況、執法甚至司法都已元氣大傷；香港人的身、

心、靈也受到極大傷害，而M的日常生活以至未來的前景都變得不明朗，他身邊的朋友都有想過要移民海外，完完全全地離開香港。然而以正面角度來看，正如之前所說，大家也「睡醒了」。他強調這一切都是革命。或許暫時未能推翻政府，或許未必會獨立；不過這是一場「覺醒」的革命。

對未來的展望

M認為香港的核心價值是自由、法治及發展民主。他十分期待香港最終能建立真正的民選政府，容許政權交替。對於未來社會運動發展，他覺得只要為求公義，本質應沒有底線，因為抗爭者都要付出代價！最後，對於未來的想像，香港應該獲得真正的自治，盡量避開中港政治的融合，政治制度要透明、民主及沒有篩選，和繼續享有特殊及獨立的國際地位。

從訪談過程中，我認為M對這次運動的性質、發展及展望都有明確及清晰的看法。他認為在香港未有真普選之前，政府所提出任何被懷疑觸動「一國兩制」中「兩制」的實施，都會被大多數香港人所反對，並會透過和理非方法反對，甚至會有勇武行動出現。他覺得社會對勇武的接受程度愈來愈高，代表社會運動已變得沒有底線。這樣或許會變成香港社會生活的一部分，不過這也是香港社會蛻變的一個重要時刻。所以，林鄭政府、建制派及北京政府可謂「功不可沒」。

從學者觀點出發

很開心可以與這位受訪者對談，讓我也多瞭解這場運動參與者的看法。當然，我也很願意表達自己的看法，供不同人士參考。

探究這次逃犯修定條例事件的本質

這次《逃犯條例》修訂事件是香港自九七年回歸中國以來最嚴重的政治危機。源起一宗港人在台灣發生的情殺案——「陳同佳案」，卻最終引發了不少香港特區內部管治以及與內地在不同領域上的問題。陳同佳已獲釋，而特區政府及香港人卻要承受持續不斷的動盪。我相信把罪犯繩之於法是彰顯公義的重要原則，陳同佳當然不能例外。不過，怎樣做卻需要莫大的政治智慧！一方面要符合中港台政治的利益，而另一方面則要顧及香港本身特殊地位和既有的制度，尤其是確保司法獨立及管轄權。林鄭政府卻選擇了修訂《逃犯條例》，「一次過修補」所謂中港司法制度上的「漏洞」，期望繼通過「高鐵一地兩檢」，再一次「準確地落實一國兩制」。結果卻釀成了林鄭政府罔顧民意，不理會程序公義；同時，又造成嚴重的中港矛盾。可以說是一次過打開了一國兩制的「潘朵拉盒子」。

分析反修例運動的發展

反修例運動其實早於2019年第一季已經展開。在立法會內，非建制議員著力反對政府的修訂，包括揭示政府在此條例修訂上的「不尋常且極短」的諮詢，給人一種誓要快刀斬亂麻、極速通過修訂的感覺。故此，非建制議員亦在法案委員會階段，利用選舉主席方法進行「拉布」，甚至令委員會一度鬧雙胞胎。雖然，非建制總算讓人覺得已盡力阻止政府通過修訂；但是，在立法會體制內，非建制派仍屬小數。建制派可以以簡單多數，輕易通過政府法案，只是時間或許受點阻滯。故此，體制內能發揮的作用十分有限。

無可否認，體制外的抗爭也出現微妙的變化。首先，針對不同抗爭者，自2014年雨傘運動及2016年魚蛋革命以來，已分為和理非及勇武派。雨傘運動的「失敗」很大程度上是兩派對當時運動前景有不同的取態，導致和理非對勇武派「割席」，也進一步帶來2016年以勇武派為首的魚蛋革命。這次的前半部分，尤其是6月9日的第一次及6月16日的第二次民陣大規模遊行，都主要是

和理非作主導。當然，6月12日在立法會及政府總部外的警察開槍鎮壓，揭開了勇武派進場。長話短說，和理非與勇武派不割席，令香港的社會運動變得多樣性，更難被政府和建制派分化。第二，從上一點的引申，以至受訪者都認為社會運動的模式未必需要有底線。勇武者的「黎明行動」、「和你lunch」等行動都或多或少影響上班一族。不過，和理非卻提出了「就算核爆就也不割席」，即或對暴力的容忍度也提高了不少。其實，無論政府及警方，甚至北京都再三強調「香港人」（大多數指和理非及不表態的民眾）必須與暴力說不。每天的電視廣告、警方記者會或北京相關單位的發言人都清晰表明香港已到達崩壞邊緣。不過，大部香港人反而對政府、警察及北京政府的觀感每況愈下。相反，要求調查警暴的聲音更高了。第三就是民眾對香港公民社會的覺醒。過去接近半年的運動民意調查，都持續地反映幾個重要議題，包括對五大訴求的支持、對警暴的反應、對林鄭及主要政府問責官員的信任度。每次調查的結果大概都沒什麼太大的分別。這正好反映大多數香港人對運動的支持度和關注度都沒有改變。到了最近的區議會選舉，投票率能超過七成就更是一個重要指標，而非建制派取得大勝也進一步鼓勵更多人支持運動，令林鄭政府及建制派在施政上，陷入舉步維艱的局面，甚至慢慢地改變目前的政治版圖。

對前景的觀察

照目前的發展走向，究竟這場運動何時會完結？如何完結？與很多政治評論員一樣，我認為林鄭政府的確錯過太多妥善處理這件事的機會。所以，何時可以解決，反而取決於「如何」。我是一個「和理非」，仍然相信透過和平理性示威及體制內的機制去解決當前危機。11月24日的區議會選舉是一個契機。高投票率及非建制派的完勝足以清晰對政府表達了一個信息——五大訴求，或獨立調查的必要。如果林鄭真是一位負責任的領袖，她必須認真回應選舉結果，不可單純是辦好了選舉而已。不過，很可惜，林鄭（與她的智囊）不知是否刻意迴避自己及其政府的責任，或是真的不太懂如何處理，至今仍未有很大及實質的回應。這樣無疑又再一次反映她錯過機會了。老實說，如果連和理非

的方法都不太湊效，這場運動會繼續走向兩邊極端。政府一方，繼續不理會和理非，繼續利用警察止暴制亂，繼續利用「內地方法」抹黑、鎮壓，最終利用「更左」的策略「平定」運動。而抗爭者一方，有可能隨著和理非一如以往不被重視，有機會使他們轉向更加支持勇武派，甚至更多參與勇武派的活動，令暴力行為再進一步升級。雖然，我比較悲觀，但是我絕對不想極端情況出現，並期望有主導權的政府能正面回應，令運動可以和平理性地落幕。

阿倫　抗爭經驗是我們這一代人的共同身分認同

　　阿倫（化名）是一名大專學生，時年27歲。他以「前線」來形容自己在反送中運動的參與角色。他曾經在前線做過「滅煙」、帶領過滅煙小隊；做過哨兵、帶領過哨兵小隊；亦做過聯繫物資、安排「校車」[1]；聯繫義務急救員、醫護人員和律師等中間人角色。2014年曾參與他稱爲「雨傘革命」的佔領行動，當時是以義工的身分協助管理物資站。佔領行動之前，他形容自己會留意新聞時事，但不知道有什麼方法可以改變社會的不公義，亦沒想到自己會是一個社運分子。過去六個月，經過參與連串抗爭行動和具體歷練，阿倫由一位普通學生，蛻變成一位具有很強的組織能力、統籌能力和分析能力的前線抗爭者，並且對改變香港社會的不公義有一套看法。

　　以下是筆者和阿倫的對談。筆者採用對談方式使阿倫以第一身的聲音表達他的經歷、感受和見解。

---

[1]　接載有需要人士離開示威現場的義載車輛。

六一二我開始衝上前線

筆者：你是什麼時候開始參與反送中運動的呢？

阿倫：6月9日我出來遊行。6月12日我來到金鐘，當時沒有任何策略，只是一班朋友在一起，就如「雨傘革命」時一樣我跑到物資站幫忙，忽然一個催淚彈擲中物資站，有人叫大家不要慌張，然後教大家如何去撲熄催淚彈，我便開始做「滅煙」的角色。六一二那天大家在手機看到一條短片，有個年青人倒在地上口中噴血，我其實目睹他被送到遠東金融中心前面被急救員施救，印象最深刻是一班警察在旁拍照，猶如慶祝有市民被打傷一樣。當時我的心情更加激憤。

整整五個多月裡，我的參與方式不斷改變。6月9日是一班朋友「圍威喂」地一起遊行；6月12日，我開始衝上前線做滅煙，後來以小隊形式做滅煙，就算做滅煙也曾經歷不同階段以不同方法滅煙。[2]那時我對自己的參與底線是只做滅煙。由六一二至9月分我一直做滅煙。因為有幾次真的吸入了濃烈的催淚氣，身體變得愈來愈差，於是我轉做哨兵；期間我也做過起磚、建路障，路障建好了便立即撤走。

筆者：什麼時候、有什麼事情發生，令你覺得需要以小隊形式持續地參與？

阿倫：因為在前線行動太危險了，而做滅煙要走到最前線的。當警察施放催淚彈，勇武前線會立即四散，這時做滅煙的立即衝出來撲熄催淚彈，或者把未爆開的催淚彈擲回警察的方向。當煙霧瀰漫時，有些手足曾經就這樣被捉去了。所以一定要組成小隊，互相支援。

2　因為催淚彈需要時間燃燒才能釋出催淚氣，做「滅煙」的前線示威者便利用這段時間弄熄催淚彈。最初是以礦泉水「淋熄」燃燒；後來有人以器皿覆蓋使它「焗熄」；再下來有人將催淚彈執起放入載著冷水的水瓶內將它「浸熄」。亦有人戴著手套拿起燃燒中的催淚彈擲回警察的方向；後來有人準備了球拍把擲過來的催淚彈打回警察方向去；聽說現在警方使用來自中國製造的催淚彈燃燒時溫度相常高，用手執取回擲的示威者要承受燒傷手掌的痛楚。

筆者：六一二之後是否開始呈現一些模式、形態，例如警民衝突的形態，令你認爲需要有人做滅煙的角色？

阿倫：可以說是的，也可以說不是。警察的行動沒有一定劇本，每次都有不同的模式，但相同的是每次遊行後一定有事發生。大家開始期待每逢星期六、日必定有事發生，所以要有最基本的準備，例如有「校車」接送示威者離開，哨兵要「吹雞」叫人逃走；有人起路障、有人滅煙、有人衝擊，這個分工概念其實是負責文宣的手足將很多前線的經驗變成概念，設計成分工圖，透過臉書、Telegram等平台散播開去。

這段時間事情一直發展，工作崗位的分工亦隨之有所調整，例如當人人都有豬嘴時，滅煙已變得不太重要，於是我轉爲安排「家長」群組，聯絡相熟的「校巴」、相熟的金主，找安全屋等。

其實整個過程是投石摸路。現在回想過來，六一二那天是最清楚自己的期望的，就是中止條例上立法會二讀。之後，每一次出外都只能希望可以渡過這一天，可以安全回到家裡，這就是最好的了。

我有一個深刻的記憶：11月初在維園舉行選民集會，一個中學生自稱是「蟲系魔法師」，防暴已進入了維園他還沒有離開，我拉著他一直由維園走到希慎那邊，我和他躲在一座唐樓的天台電錶房，頭上是直升機不斷盤旋，樓下是拘捕的呼喊聲，手機上的流動程式顯示「黑哨」（警察的哨兵）就在隔壁，我心裡害怕極了，擔心若被發現一定會被捕。雖然最終逃過一劫，但事後情緒出現問題，不斷夢見返回那個天台的情景，所以曾經休息了一段時間。

我又再思考自己可以做些什麼？心想不如改做哨兵，相信會安全些。但有謠言說周梓樂同學便是做哨兵出事的。

11月11日起，運動的方式又再出現變化，本來一直打游擊、快閃的，突然變成在大學打「要塞」戰略。我唯有靜觀其變。我並非不贊成打「要塞」戰，因爲幾個月來不斷有奇怪的事出現，例如和理非摺紙鶴、塞機場、蟲系魔法師等。我一直抱著「兄弟爬山、各自努力」的心

態。11月11日我在西灣河做哨兵，目睹警察策略的轉變：由中環到銅鑼灣、西灣河，他們的方式是用一架銳武裝甲車撞爛路障，隨便拘捕幾個人當交差了事。顯然，警方已將火力全集中在中大。

既然要塞戰已經打成了，我選擇到理大。我進入理大後，與一班前線組成了一個headquarter（總部），開了一個專門的頻道發放資訊。Headquarter的主要功能是收集和發放資訊，例如，我們需要知道哪個位置有多少人、有多少物資，少數人的位置就要多建路障等等。

11月17日開始打起來，其實16日晚上我們已計劃了攻打的方案，警察怎樣打進來，我們該如何反應，並且有撤離的構思。我以為一切已準備妥當，於是17日下午離開理大，因為我已經發燒多日，想回家吃藥、休息，誰知一覺醒來已不能再進理大了。當時很後悔，為了補償自己的心理遺憾，不斷做「駁腳」，要盡快找到方法讓被困的人逃出來，例如要預備「校巴」迅速把逃離的人接走，總之要與時間競賽。幸好我所認識的headquarter朋友全部成功逃離了。

現在我開始接手做物資部的收集和處理工作，我做的物資倉是收集急救用品的，例如口罩、凡士林、生理鹽水、消毒藥水等，待再有行動時分發出去。

這幾個月來我的體驗是群體的集體力量。一個人的思想很狹窄，十幾個人一起分享意見的話，大家的視野加起來便很廣闊了。我可以說：前線、滅煙、校巴、物資、文宣，一環扣一環形成了集體的力量，即使文宣這後勤角色也很重要，假若沒有文宣隊，區選便沒有這樣的結果。

筆者：有言論說今次運動沒有大台，但理大那個headquarter不是在扮演「大台」角色嗎？

阿倫：我想那個headquarter主要扮演收集資訊的角色。例如哨兵發現某個入口有異動，便立即通知另一個位置的哨兵加緊注意，若某個入口有警察進攻，可以呼籲其他位置的人趕來幫忙，但實際的行動還是由每個手足自己決定。

運動的目標是撤回惡法、追究警暴

筆者：我留意到你一直以前線的角度觀察運動的發展。政治理念方面，在驅動你的參與上有沒有一定重要性？或者，你認為「五大訴求、缺一不可」便是你對運動的政治目標？

阿倫：有些訴求只是口號，例如「光復香港、時代革命」，你根本沒有可能光復香港，亦無可能進行革命，因為我們與警察沒有對等的武力。我認為運動的實際目標是撤回惡法、追究警權過大，警察濫權濫暴的問題必須正視。其實我個人仇視警察多於仇視林鄭，林鄭只是一個木偶，任憑「習維尼」的指揮，反而警察放催淚、打人、辱罵人，失卻了警隊應有的專業水準。我相信警察受過訓練，應該明白專業守則的規範，現在公然違反專業守則，這個責任是不能迴避的。

在政治立場方面，我相信中共不會讓香港人有真雙普選，我們這一代人都不相信中國政府，不相信香港可以獨立運作。唯一值得思考的是：我是否仍然相信基本法，是否仍然相信一國兩制？首先，我不相信港獨可以成功，若果一國兩制可以實現的話，這是我唯一仍然願意爭取的理由。

筆者：對於反送中運動，你認為是什麼原因令大家一直堅持著？

阿倫：是最基本的道德。佔中時爭取雙普選，這是顏色問題，但現在是道德問題：警察開槍、警黑合作，這是無從抵賴的，運動必須繼續行下去，追究警暴。我們不想運動好像雨傘革命那樣淡化消亡，例如，雨傘之後黃之鋒入獄，見他剪了個頭髮，出獄時好像沒事一樣。現在有人失去了眼睛，有人失了蹤，有人失去了性命，有人要割去半個肝、半個腎。這些事都發生了，面對將來，我們是否任由警權過大這個問題繼續存在，讓它好像惡性腫瘤般繼續留在我們的身體內，毫無約束地增加、擴散？監警會明顯形同虛設，我實在接受不了。

筆者：那麼，你認為當初是什麼推動一百萬人、二百萬人上街遊行？

阿倫：因為法案是一條惡法，其嚴重性岌岌可危。之前見到書店老闆被「送中」坐「洗頭艇」，然後見到侵害愈來愈大；高鐵只是從香港人的荷包拿走我們的財富，現在分分鐘奪去我們的性命，送我去中國。聽到在大陸，嫌疑人不在法庭上法官一樣可以判他有罪。雖然我未經歷過如新疆、西藏的情況，但從新聞資訊見到，中國發展的問題，如貪官、食品安全、霧霾等，我不希望這些東西進入香港。中港之間的矛盾也是日益深化：走水貨、小店逐漸消失全變成金舖、藥房，服務自由行的內地人。

　　另一點更加重要是傀儡政府，香港政府的政策不是為香港人設想的，所謂利民紓困措施沒有實效，你見到愈來愈多人住劏房。新移民問題，一方面我們指罵他們蠶食香港的資源，另一方面他們的生活質素也愈來愈差，這些都是結構性問題。

　　大家一直對這些問題啞忍，突然有了一個渠道可以表達個人的想法，發現大家可以互相溝通心裡的想法和意見，所以令大家都跑出來表達自己的聲音。

筆者：接下來，你認為反送中運動將會如何走下去？

阿倫：這幾個月的趨勢是，愈來愈看不清以後的景象。我不相信突然會出現有公信力的獨立調查委員會。警察開實彈槍、解放軍撿垃圾，走到這個地步，事情已沒有解決的餘地。我們亦不可能再過回以前的生活，警民之間的仇恨大家都不會忘記。

　　區選的結果、美國通過《香港人權及民主法案》等，猶如精神食糧一樣，給前線注下強心針，讓我們可以繼續活下去。又例如黃店的故事，市民捐贈衣服、物資等，都令自己稍有安慰，可以繼續去打下一場仗。

　　對於未來，我只能講不可以退縮，如果一退縮，事件淡化下來，便會重蹈雨傘革命的覆轍。若你問我有什麼實質的目標可以達到？那便是

在每一場仗盡力救得幾個手足便幾個，這是短期目標，至於長遠，我真的看不到前景。

筆者：我聽到你說和理非、黃店的行動對前線是能量的來源。

阿倫：以前香港人是冷漠的，例如你在深水埗見到的彪形大漢，你不會上前跟他接觸，怎料在抗爭行動時，那個彪形大漢就是一手把你拉回來、救你一命的那個人，「喂，不用多說，你需要多少物資？要花多少錢買豬嘴？我給你找來。」就是這些細節和小故事支持著前線繼續走下去。

Black Bloc＋豬嘴＋黃頭盔是香港人身分認同的象徵

筆者：對於這些，你會否用「共同體」來理解？

阿倫：我會用香港人身分認同來形容。以前「香港人」這個身分是別人硬生生加諸給我的，是由主流媒體建構出來的，什麼買香港手信、紅白藍膠袋代表香港的工業時代、公共屋邨是香港人的特色等。我看香港電影使用這些符號時，我是沒有認同感的，這些東西與我之間沒有聯繫，何謂「香港人」不是從自己出發的。

但是，突然間大家戴著豬嘴、黃頭盔、黑衣服，我感覺到這就是香港人的icon。

筆者：你講到black bloc，「黑衣人」常被連上破壞、暴動、示威者等想像，但你卻稱它爲香港人的icon。

阿倫：Black bloc＋豬嘴＋黃頭盔，已經是一個signature symbol。有劇場人用這個symbol演出，我們還未來得及反應，政府已經說要取締，可見這個icon已經附有重要的象徵意義。

今天我們講「香港」，不再是阿爺講日軍來到要吃樹皮、制水的生活是怎樣過的，而是講吸催淚氣的經驗、如何去抵擋警察的濫暴。我們這一代人開始訴說這個年代的故事。

筆者：你談到的icon是由外表聯繫到身分意識，這個身分意識背後有沒有聯繫著一些核心價值？

阿倫：如果你問我《獅子山下》這首歌，我真的沒有感覺，但《願榮光歸香港》我聽到會哭出來，這是屬於我的歌。講到「黎明來到要光復這香港」，我在理大那幾天，每天早上望著黎明來到時，心中總希望新的一日會有好的事情發生。「勇氣智慧永不滅」，是的，香港人沒有勇氣和智慧的話是捱不過這幾個月的。以前香港人自豪於「各家自掃門前雪」，自私只顧自己，要付錢才叫得動人家做事，現在，有需要時，大家會不顧一切衝上前。

筆者：你認為反送中運動至今，是否達到了什麼成果？

阿倫：就是剛才所說意識形態方面有很大轉變。以前香港人覺得生活不如意便移民，現在面對巨大挑戰，你曾經參與過，你還有沒有想一走了之？你擁抱了這個身分幾個月，一下子實在很難放得低。身分意識抬頭，我們不再用以前那一套去理解「香港人」，以前所講的「香港人」是事不關己，現在我們是從自己的經歷出發去認同自己的身分。

　　另一件事，我是從經驗中學習得來：我懂得了如何安全地與陌生人織出網絡來。我結識了一班人，大家以前是互不相識的，有急救、物資、車，現在大家可以合作將資源集中、互相協調。

　　我好像一個broker（經紀）般，與其他人聯繫起來。我自己的角色可以不斷改變，使大家達到同一個目標。我今日做一個駁腳，在現場我可以轉做哨兵，我有急救證書，只差沒有膽量落手做急救而已。總之，視乎形勢需要我做什麼角色我便做什麼角色，這五個月裡我培養出極高的彈性能力。

Don't Blame the Victim

筆者：有市民抱怨、責備示威者使用武力，破壞商場、燒地鐵等。你如何回應這些指摘？

阿倫：我會反問，你明白他們為什麼這樣做嗎？我會將問題交回指罵的人。我承認的確有破壞的地方，我亦不大同意這種做法，例如在旺角的十字路口沒有交通燈，對交通和市民會造成不便，而且，破壞交通燈以運動的策略來說沒有什麼益處。但是我理解他們的心情，除了破壞，還可以做什麼？

Don't blame the victim. 我們要想想他們經歷了什麼事情、多少傷痛才要以破壞交通燈來發洩情緒。反觀，政府又如何？它花掉多少個億去建一條橋，現在又說要先拆掉二號客運大樓才可以興建（機場）三跑，為什麼政府做錯事卻毋須承擔後的？不是所有事情非黑即白，我們要了解背後的問題。

最表面的和解方式是將相關人士「祭旗」

筆者：你認為運動發展下去，是否應該邁向和解？

阿倫：什麼叫「和解」？

筆者：即是坐下、對話、談判，然後達致一些雙方同意的方案，使衝擊式的運動得以緩和。有沒有可能發生？

阿倫：我認為沒可能出現你所說的和解。首先，沒有大台，你找誰人去做談判的代表？再者，事情已沒有談判的餘地，五大訴求已經講得很清楚，只是政府一直迴避、沒有聽進耳裡去。

筆者：現實是，政府一直沒有回應民意、沒有採取過建設性的行動。你認為有什麼事發生才會出現轉機？

阿倫：最表面的方式是將相關人士「祭旗」，包括警務處處長盧偉聰、曾經開過實彈槍的警員，他們要承擔責任，將他們送上法庭接受司法審訊。我們還未談到判刑應該怎樣，最起碼他們要接受法律制裁。不過，即使將有關人士制裁、將警隊高層解散，問題仍未解決。若制度一日沒有改變，警隊只會淪為政治工具，幾年後香港一樣回復為「警察國家」。我希望立法會可以發揮制衡角色，運用特權法調查反送中運動以來所發生的事。

警暴沒解決，抗爭沒有停下來的可能

筆者：至於抗爭運動方面，你認為是否應持續下去？

阿倫：運動必須持續下去。警暴問題一天沒有解決，我看不到它有停下來的可能。就算個別警察要問責，運動都不會停下來，我們會繼續爭取改變制度，在制度上把警權規範到合適的位置，而不是肆無忌憚地用來操控社會，這是比較重要，也是可以實質達到的目標。

筆者：你認為在過去幾個月，勇武示威者的武力程度有沒有升級？

阿倫：當然有。6月9日有人向警車投擲汽油彈，現在整個理大都有汽油彈，中大開始有弓箭手、標鎗手，暴力相對是升級了。但是，我相信他們有底線，不會用來傷害無辜的人；亦不會愚勇，他們知道若傷到警察，民意會立即逆轉。「火魔」通常是用來阻截警察的去路，讓示威者有較多時間撤退。例如，燒一個大的火團，待召喚消防、撲滅火團，這樣已經偷到很多時間。

至於勇武的武力升級是否刺激警察武力升級的誘因？我看不到直接關係，我的觀察是，警察的保護裝備和示威者的保護裝備完全不對等，雙方處於不對等的權力關係。

筆者：若抗爭運動不停止，你認為武力是否會繼續升級？

阿倫：以我所知有這種趨勢，例如有人鑽研化學品的方程式，然而是否可以應用到示威現場，卻是未可知之數。

筆者：**在這種趨勢下，你如何界定自己的角色？**

阿倫：首先我已經放棄與立場相異的人進行和解談判，對於造成破壞的示威者，我同意他們需要面對法律制裁，但他們不應在警署內接受酷刑，所以我會繼續救到多少個手足便救多少個，然而我亦不會提供工具讓他們犯案。

總結：回顧、分析

　　訪談前我已經知道即將見面的受訪者是一位前線示威者，因此，我的訪談計劃是了解前線示威者的起步點，再理解他在運動過程中的遭遇和蛻變。我這樣做是特意針對政權經常以「暴徒」來形容前線示威者，我的疑問是，為何一直以「安全城市」自詡的香港會有這些「暴徒」？為何一直被評為「連綁鞋帶都不懂」、嬌生慣養的九十後年青人，會如上戰場般在子彈橫飛、烽煙迷漫下「出生入死」？為何他們甘願放棄自己的前途？所爭取的是什麼？我希望可以利用今次的訪談了解前線示威者的思想，並且在這份報告中還他們一個真實的面目。

　　阿倫本來是一位普通學生，自覺對新聞中有關社會不公的報導比較留意，會有心情激憤的感覺，但對於如何改變不公卻是無可奈何。直至2014年佔領運動的出現，令他覺得香港人不再是冷漠、無力。換句話說，反送中運動以前，他是一位關心社會、希望可以改變社會不公的年青人。2014年的佔領運動與2019年的反送中運動其實有一絲聯繫的地方，從阿倫的角度，2014年香港人已經向當權者發出了呼喊，可惜當權者沒有作出回應，使運動最後無疾而終，這對當時只有22歲的他留下了一個印記——他要繼續留心香港政府如何出賣香港市民的利益。

阿倫提及的社會問題如六四、高鐵等大白象工程、新移民問題、劏房、水貨等，都是民間團體或泛民政黨所提出的議題，雖然年青人認為有關的時政批評無法改變現狀，但對年青人關心時政確是產生了重要影響。阿倫認為2014年佔領運動一下子改變了他對香港人的看法，對於堵塞馬路、佔領公共空間，阿倫視為香港人展示了集體力量，可惜最後沒有結果。2019年6月9日民陣發起反修例遊行，承接佔領運動的啟蒙，阿倫敏銳地觀察到遊行群眾中的躁動不安，於是6月12日參與了堵塞立法會的行動。

　　阿倫以6月12日為他參與反修例運動的轉捩點，一方面他認為當日的行動成功讓條例被暫緩，另一方面，當日警方大量發射催淚彈激發他脫離「和理非」的身分跑上了前線，之後持續的警民對峙、警察在驅散和拘捕示威者所使用的武力、及後警方記者會的言論，使他有更大信念堅持站在運動的前線。

　　從阿倫的抗爭經驗，有幾點值得注意：

　　前線抗爭者是通過具體的抗爭實踐培養出來的。經過五個多月的抗爭運動，阿倫由「和理非」蛻變為一位可以發揮多種功能的前線示威者，主要負責防衛方面的行動，目的是協助參與衝擊行動的示威者盡快安全地逃離現場，避免「手足」被警察拘捕。從社會運動的角度來理解：這種支援行動有助抗爭運動持續發展。

　　雖然抗爭運動中止了《逃犯條例》的修訂，示威者卻要付出沉重代價，阿倫尤其指出有市民的身體受到傷害。雖然抗爭運動並未達至其他成果，不過，阿倫卻認為是次運動有兩方面貢獻：一、勇武示威者的行動使警權過大、缺乏制衡的問題明確地暴露出來，令香港市民清楚看到政權的荒謬；二、由上一代的生活經歷所構成的香港人身分已成過去，新一代年青人找到了屬於自己這一代的身分認同，勇武抗爭便是新的身分符號和集體經驗。

　　身分認同可視為透過主觀經驗的體會、反思和歸納，從而凝結成一種自我意識，它會相當程度指導個人的行為和生活態度。若新一代年青人把抗爭的經驗和精神視為自我身分認同的基礎，這意味香港未來將會與抗爭運動同行。

　　與這點相關的是，尋求和解並非前線抗爭者所追求的目標。從阿倫的分析

所見，針對警權的問題，除了包含具體經驗中的仇恨情緒，更重要的是針對警權缺乏制度性制衡和道德規範的問題，這可視為新一代對民主的具體理解。

當談到香港人身分的核心價值時，阿倫沒有使用過去常見的「民主、人權、法治」等字眼，訪談員刻意指出這個觀察，阿倫回應：這些名詞猶如「小學生默書要取得一百分」般是抽象的理想，在他心目中沒有實質內容，反而對政權、警權的制衡，犯錯者要得到懲罰，使公義得以彰顯，才是他心目中的核心價值。

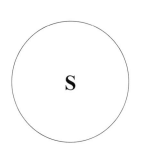

培養批判思維

—— 避免在抗爭運動中掉進認知偏見的陷阱

　　與一名20多歲年青抗爭者的一席話，令人既感動亦哀傷！一場被認為沒有經濟因素，純粹為自由、平等、公義的抗爭運動，反映出很多香港獨有、深層次而又積壓已久的社會問題。筆者希望分享從腦神經和社會心理學的角度，去理解現今社會上的矛盾，如何與人類的行為和心理相互影響，加劇香港社會兩極化的對立局面。

　　自由是香港人的核心價值、香港成功的基石。從經濟角度看，香港能夠擁有國際金融、經濟中心的地位，除了本身的地理位置外，更重要的是其自由開放政策，為國際市場提供一個公平競爭的平台。從政治、社會的角度，港英時代的政府，雖然並非民主產生，但其積極不干預的政策，加上大部分的施政都是以民生為主，香港人有自由去力爭上游，因此，生活雖然艱苦，人民仍然肯努力不懈地工作，相信依靠自己的努力，最終總會苦盡甘來。當然，自由是建基於社會公平、公正的制度，以保障每個人的自由不受其他人的自由所侵犯，而當個人自由被侵犯時，亦有適當的渠道去伸訴、糾正，以彰顯公義。香港一直奉行三權分立制度，加上政治獨立的廉政公署，沒有一個個人可以凌駕於另一個人或制度之上，這廉潔公正、不偏不倚的社會制度，造就了我們這自由社

會的經濟發展，贏得國際的支持，成爲中西文化、貿易交流中心。

　　然而，近年香港在經濟、政治、社會等各方面的自由都不斷受到衝擊。經濟的得益、社會地位的攀升，不能夠單靠本身的能力和付出，很多時還要依賴政策的支持和政治靠背，令不少香港人都覺得現今社會逐漸失去自由公平的機制；加上資源分配不均，人民對不能得到平等的待遇和公平競爭機會感到無助，尤其是沒有政治、經濟背景的基層家庭，間接也令一般人對社會和政府的領導階層失去信心，認爲他們既沒有負上對社會應有的責任和承擔，亦沒有實際能力和決心去處理各項日積月累的問題和挑戰。

　　香港本是個是資本主義的國際大都會，崇尚個人主義，思想、經濟對外開放而又獨立自主，土生土長的香港中國人一向被視爲無根一族，反而更加能夠包容不同的文化和生活，因此，大部分人一向對政治的興趣不大。隨著政府實施日趨規劃化的干預政策，經濟與政治掛鈎，實際生活所體現的社會狀況、行爲等，與個人原有的價值觀和信念互相矛盾，內心的失調和爭扎，積壓在不少香港市民的內心深處。然而，這些個人內心的矛盾、掙扎，如何演化成大規模的社會運動？我嘗試從大腦的運作模式去探索。

　　主宰我們思想、感情和行爲的大腦，本身就是一部「預測機器」（predictive machine），由於大腦的資源有限，爲了有效地處理大量傳入的信息，其運作模式，是把接收到的信息歸納化（generalize），以便在不斷接收到更新信息的時候，可以更容易作出決定。一般情況下，大腦接收到的信息與本身日積月累歸納出的概念是大致上符合的，因此，大腦都不會刻意去處理，而只是把相關的概念強化。例如我們到了一個陌生的地方，第一天感覺在街上逛是安全的，我們開始建立「這是個安全的地方」的概念，如是者經過一段時間，每天逛街都是感到安全的，我們便不會再刻意去想這個地方是否安全了。但是，假如收到的信息與本身已建立的概念不一致的時候，大腦認爲其預測出現了誤差（predictive error），由於未能掌握當時的處境，必須要好好處理這信息，方能作出適當的判斷和反應。回到前述的例子，在那陌生地方的某一天，逛街時遇上事故，跟平日安全的感覺有差異，我們會再觀察一下有什麼蛛

絲馬跡（例如這一天街上沒有車輛經過，或者當日下著狂風大雨），再根據其他積累的經驗或本身比較關注的項目（例如城市人會比較留意車輛，而農村生活可能會多關注天氣），分析跟這事故的發生可能有關的原因，然後把「這是個安全的地方」的概念優化為「當街上有車輛經過的時候（或當日沒有狂風大雨），這個地方是安全的」。如此這般，根據新增的經驗，不斷更新或強化我們的觀念。

依照這模式運作，大腦可以利用已有的知識和積累的經驗去減低處理信息的成本，大大提高其效率；但同時亦導致我們對不同信息的處理，有所偏差。一般而言，大腦偏向喜歡接收與我們認知上一致的信息，因為大腦已經不需要特別處理它們，亦能夠對本身已經認知的概念加以確定；相反地，每當接收到與我們認知不一致、甚至是相反的信息時，大腦會感到不安，必須把這些不合乎預期的信息加以處理，了解為何預測會出現誤差，方能作出適當的判斷和反應，並找出協調的方案以及優化其預測能力，只有這樣，大腦才可以準確地洞悉環境，指引我們的思想和行為。

明白大腦的運作模式，可用以解釋社會心理學家觀察所得的「認知失調」的理論和「確認偏差」的概念，並將其觀點或多或少套用在社會所發生的動盪和衝突事件中。首先，根據「認知失調」的理論（Cognitive Dissonance Theory; Leon Festinger, 1957），當人的信念和行為、或不同的信念互相矛盾，甚至出現衝突的時候，會令人感到不舒服，這種不安的感覺稱為「認知失調」。為了消除這種矛盾、不安的感覺，一股內在的推動力會隨之而產生，激發其改變現有的行為或者信念，以減輕心理上的壓力、回復認知上的一致性（cognitive consistency）。「認知失調」的情況，跟大腦出現預測上的誤差一樣，必須好好處理，以求回復和諧，因為內心的矛盾和衝突會影響我們的決策和行為，令人不知所措。反觀「反送中」運動的抗爭者，為守衛自由公義的理念，寧願改變一向奉公守法的行為（武勇派）或對這些行為的包容和支持（和理非），爭取五大訴求。政府、警方的領導階層或其他的支持者，為求達到各自不同的目的，亦相對地縱容、甚至用不完美的解釋去合理化使用不對等武力

的情況和對基本人權的尊重。

另外,「確認偏差」（confirmation bias）的概念,是指出一般人會傾向於確認本身認同的信念,而不會質疑或尋求新的信念。這概念與大腦偏向於喜歡接收與我們認知上一致的信息一脈相承,源於人們處理信息的資源有限,只能選擇性處理某些信息,並利用啟發式分析法（heuristics）,例如經驗法則（rule-of-thumb）,把接收到的有限資料,利用已有的知識和積累的經驗,將問題簡化以便找出解決方案;由於確認現有信念比質疑或尋求相反的信念來得容易,亦可避免「認知失調」產生的心理壓力和矛盾,以致一般人都有「確認偏差」的傾向。愈多的訊息,愈容易令人無所適從,再透過選擇性接收和「確認偏差」,雙方原本抱有的信念,會變得更加牢固,加劇了香港社會兩極化的對立局面。

點出這些觀點,主要是想提出,現時香港社會持不同信念的兩大陣型,本身並不一定有是非、對錯之分。由於大腦的信息處理模式並不完美,不同的人有不同取向的原因,很大可能是受到環境因素影響,例如每人的過往經歷,身邊的朋友、家人的取向和經歷,接觸到的媒體等等;透過日益激烈的事態發展,以及大量流傳和難以辨明真假的信息,加劇了這些不同信念兩極化的發展。以政治取態去判斷他人是十分不理智的做法,不少家庭、朋友,因為政治取向不同而反目,不單會影響社會的和諧,對於爭取社會公義亦沒有幫助。當然,我們亦不能抹煞有些掌握真實資料的人,為求目的,刻意扭曲和合理化不合情理的事;但是,作為一個普通市民,不能夠輕易改變別人的思想、行為,唯有盡量保持清醒和冷靜,在下判斷之前,不時提醒自己尋求相反的信息和理據,希望社會在堅持信念和尋找真相之餘,避免不必要的分化,並以個人的力量,盡量爭取身邊其他人的支持。

大腦這「預測機器」引致認知偏差的概念,亦可套用在分析市民對抗爭者或警察的刻板印象（stereotype）。由於大腦不能掌握到每個抗爭者或每個警察的全面資料,當面對一個環境需要作出判斷和反應時,只能根據本身對他們已有的概念,提供最快、最恰當的指引。可惜的是,這些根據刻板印象指引的

判斷和反應，往往只能把我們的概念變成為真實，因為我們根據預測他人的反應而作出的反應，亦會影響他人的實際反應，亦即是「自我實現的謬誤」（self-fulfilling prophecy）這個概念。以下是與抗爭者訪談內容，希望大家可以丟棄對抗爭者的刻板印象，去理解他們內心世界。

關於受訪者

面前是個面容有點憔悴，但目光堅定、充滿自信的20多歲年青人。S（化名）是單親家庭出身，剛踏足社會工作數年，現在過著基層、獨身的生活。他認為自己與不少出生入死的手足一樣，沒有甚麼家庭負擔，比其他人更有條件參與抗爭。

打從2012年反國民教育運動開始，S已經參與社會運動，經歷過2014年雨傘運動，雖是前線的抗爭者，不過當年的共識是：誰衝、誰是「鬼」。但是，其對於公民抗命理念的確立，最重要是受梁天琦所感染，故當梁被捕後，驅使他挺身而出，為「被定義」所謂的「暴動」正名，為社會取回公義。

至於S參與反送中運動是從六一二開始，曾經是最前線的抗爭者，卻因為申請六一二人道支援基金的資料很大可能被外洩，害怕受到警方針對，便退到較後排，轉做物資運送及文宣工作，當然亦會以捐款、捐物資、聯署、遊行、罷工等形式參與。後退的箇中原因，是由於家庭關係，S自小已經有機會接觸到警察行動時暴力的一面，在他眼中，反送中運動濫捕的情況，只是將遮掩警暴的面紗揭開，讓一般的香港人都能夠清楚、真實地看得見罷了。亦正因此，他寧為抗爭犧牲性命，也不願被捕和入獄。

對現在事件的理解

　　S認爲運動是源於對中共政權的不信任，列舉了六四事件——只要與「叛亂」聯繫起來，即使是建黨功臣都可以被冤枉，施以各種惡劣手段，逼出假口供並加以互相印證。對他而言，親共的政府已經不可信，必須有適當的制度加以制衡。而香港本身亦有一定的條件可以做得到，例如香港的經濟、語言、文化等，都是依靠本身的體制支持；香港也有自己的貨幣，更是人民幣離岸中心。除軍事外，香港所需的基本物資，包括水（海水化淡成本比購買東江水還要低）、電、食品的供應等，均可以自給自足或從各地購入，並不是必然依賴國內提供。只要香港能強化其獨有的經濟、文化等國際地位，增加其議價能力，是足以制衡中共政權以求維持原有制度的目標。

　　對於此次運動，他認爲跟「佔中」最大不同的地方，是大家想要爭取的，並非香港一直沒眞正擁有的所謂「民主」，而是捍衛我們一直享有的「自由」。這亦反映出社會的不公義已達到了不能容忍的地步，香港人意識到本身基本的政治、人權已逐步被剝削，甚至是名存實亡，有必要挺身而出，守護我們美好的家園。運動的成功與否，直接影響到每一個香港人切身的利益；這亦是直接令這場運動能夠得到這麼持久、這麼廣泛支持的原因。

　　至於S對這場運動最深刻的印象，是它給予香港功利社會的形象一次大平反：香港人並非完全政治冷感、唯利是圖之輩，當有需要的時候，仍會挺身而出、維護正義，表現出人性光輝的一面。其中印象比較深刻的一幕，是抗爭者徵用了拾荒老人的木頭車，亦不忘提醒手足用完必須放回原處，以免老人家失掉了生財工具。他認爲現在基層受損的最大原因，並非運動本身或是遊行示威帶來的不便，而是警方和政權對抗爭者、甚至是一般市民使用的不對等暴力和打壓的手段。不少店舖在示威遊行時都會照常營業，直至警方到場、尤其是在大放催淚彈放題，才被迫關門。

　　他預期運動會延續至2020年9月立法會選舉，原因是抗爭者必須用各種方法延續社會對運動的關注，這是對已失去性命和自由的手足的交待；不過，抗

爭者到時也會出現疲態，可能未必會持續下去。到時候，也許會有更多香港人、甚至國際社會，看清楚中共的眞面目而改爲支持他們，以另一種形式去繼續抗爭。假如要作出退讓，對於這位年青的抗爭者，五大訴求的底線是要撤回暴動定義，以及撤銷對所有「反送中」抗爭者控罪。

他強調「反送中」是一場運動，一場公民覺醒的運動。香港人最渴望的訴求是保衛我們一直都擁有的自由、平等、公義的社會，因爲現況告訴我們，這一切已逐漸被剝削掉。由於大部分抗爭者既沒有搶掠、亦沒有刻意傷人，絕對不是暴動；然而，革命則是在運動得到成功後，勝利者給予運動的稱號。

對於運動的發展，他是既悲觀、亦積極的。悲觀的是他認爲除非香港政府能夠獨立於共產政權的管治，香港人將不會重拾對政府的信任；積極的是只要我們抓緊香港的議價能力，以群眾的力量去制衡政權的不公義，便有望重建美好的香港。他亦相信歷史上，沒有一個極權的統治政權是永恆不死的。無論如何，運動已經爲香港人帶來正面的效益，不單喚醒了一般人對社會、對不公義的事情的關注，更提升了人民的批判思維，以及對其他人的關心及互助互勉精神。

對未來的展望

S認爲爲抗爭犧牲性命，總比生活在恐懼中好。自由是香港的核心價值，無論是經濟、言論、以至人身的自由；以不侵犯他人的自由爲前題，可以隨心所欲。香港人珍惜的平等、自由、公義，必須要由香港人自發去保留、維持、發展，不能夠依靠其他人的力量。對他而言，所謂的「洗腦」教育，未必能達到當權者的目的，除非他們同時能夠封鎖所有其他資訊；不過，現有的通識教育，灌輸的方案都有既定答案，抹煞了同學的批判思維，在某程度上，已爲一小部分人「洗腦」，否則抗爭者的數目可能會更多。

未來的社會運動，他相信將會變得兩極化。抗爭者能夠獲得的現有體制支

持會逐漸被剝削而減少，但是得到的群眾支持會增加，主要原因是受到朋輩間的相互影響。如果中共決心落實「要地不要人」的策略，可能會加劇目前少數的「攬炒」抗爭意識的支持；否則，較為理性的，是儘量爭取本地社會各界以及國際的支持，擴大香港議價的空間和籌碼（例如建立黃色經濟圈），目的是建構一個可以抗衡中共管治的機制。

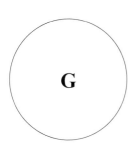

香港人寧鳴而死‧
燒光森林看誰浴火重生

受訪者觀點

　　參與今次訪問的是一名34歲男性G（化名），學歷是大學程度，他在7月尾之前任職記者，8月起轉做公關工作，以普通市民身分繼續參與這場運動。對於這場運動，他由一開始已極力支持，在6月、7月多次在現場採訪示威行動，8月開始成為堅實的抗爭者，基本上除了捐款外，全方位參與這場運動，捐贈／運送物資、貼連儂牆、罷工兼在前線防衛，更曾在某些行動中參與「接放學」（接送示威者離開現場）。

　　他多年來均有參與前線採訪，歷盡不少大型社會運動，包括2009年反高鐵、2012年反國教、2013年免費電視發牌爭議、2014年佔領運動，G慨嘆每場運動基本上都未見成效，坦言「挫敗、無力感極重」。今次運動令香港人前所未有地團結，令他感動萬分。他表示，眼見制度暴力演變成實際見血暴力，政權竟繼續企圖以拙劣政治手腕蒙混過關，「用人話講就是當香港人弱智」，在權力失衡下，他明言「實在忍不下去，無法置身事外」，誓要站出來向政權說不。

「當一個明明不講道理的人堅持聲稱自己講道理，而你講道理他又不聽，還要回頭指摘你，除了行動升級迫他正視現實，實在別無他法。」官迫，然後民反，自古以來都是這樣。

他認為，運動爆發源頭表面是有人「自作聰明幫手」修訂《逃犯條例》，「實際上是深藏二十二年的計時炸彈終於爆發！香港想守住的，就是中國最不想看到的。一國兩制是自欺欺人，根本不work。」他指這場史無前例的大型社會運動，完全將中共一直掩藏在「遮羞布」下的一切展現出來，「全世界都看到香港社會出了什麼問題，第一，若無普選，行政、立法機關由親中派把持，無法彰顯民意甚至逆民意而行，民間力量反撲只是時間遲或早的問題；第二，警權過度膨脹，監警會無法有效制衡，當年信誓旦旦說自己是獨立法定機構什麼的，全部變成廢話。」

警隊濫權嚴重，G強調其中一個原因，是當年為快速降低失業率而強推毅進程度可進紀律部隊的安排，「惡果現時全面浮現」。另外，他認為中共的「人口滲透」工作十分全面，但猶幸速度未算太快，區選結果就反映「真香港人」出盡全力維持到六四比，「不過大家不要奢望贏一次就一勞永逸，這場仗還要打很久。」

參與過反修例運動大大小小「戰役」，他最難忘在某次警方發射實彈現場，以抗爭者身分身處射程範圍內，「其實很近，應該只有十數米，槍聲響起即倉徨找地方掩護。」其後成功在車陣中逐步撤離。他中途曾遇上趕來的防暴警，幸好未有被截查拘捕。他指當時的感覺是憤怒多於驚恐。「如果說（那次經歷）有影響，我想是自此立場比過往更堅定，令我更確信一切已回不了頭，我們絕對不可以輸！」

對於運動可以達到什麼成果，G較為悲觀，估計未能得到大部分抗爭者心中所想，運動浪潮就已退卻。不過，以目前走勢，他深信至少到2020年上半年仍會有示威持續。他強調，今次揭示的問題「太深太闊」，政權不著手解決是難以緩和形勢，但當前的政權是否有力解決是一大疑問，估計政府內部有所變動是可以預見。

他最希望這場運動能令香港人徹底醒覺，「我們已無法再裝睡。」至於個人願意為這場運動犧牲多少，至今他仍未想通，只能審視當下形勢判斷是否參與某些行動。他認為重組警隊、解散政府班子是當前最渴望達到的訴求，而香港人不是要表面的太平盛世，不再是「能有口飯吃就算數」，「二十二年的教訓已然刻骨銘心，制度一日不換，公平安逸一日不會到來。」

至於日後是否要進行談判，或作出退讓，他強調，個人而言無法接受任何退讓，「但我相信不少香港人會接受退讓，例如情節未算嚴重、雙方涉犯罪者皆獲特赦；撤換特首，換一個較懂得講人話者登位，暫緩緊張局勢。」他堅信現時政府、警隊誠信已徹底破產，未有真正普選時，當前問題是無法解決。誠然，這場運動令抗爭信念植入香港人心底，難以磨滅。

G認為，現階段抗爭仍算是一場運動，因為即使示威一方有使用武力，其普遍使用程度仍不是以致命為目標，未算真正革命，「至於是否暴動，無差別打砸搶才叫暴動，香港離這一步仍有相當距離。」他又指，香港的核心價值是人權、自由、法治、公義，要保留、維持和發展這些價值，必須要有公信力的政制、法制才可。

這次抗爭展現出香港人前所未見的無限創意，行動方式之多元化以至「藝術品」級數的文宣，世所稱讚，他相信未來香港人的抗爭，創意會更澎湃，更舉世矚目。不過，對於香港的未來想像，他較為悲觀，雖相信這場運動或多或少對整個國際形勢有所影響，也令中共有所收斂，但中共勢必捲土重來，「要當這一代的香港人，會好累。制度上，我不認為抗爭者的主張能成功，但並非論述有問題，而是我們面對的勢力太巨大，贏面有限。」至於國際地位，他認為香港政府及中共若然有更多缺失被揭發，將進一步打擊其他國人民來港工作或消費的意欲，然而，即使目前國際形勢是支持香港抗爭為主流，這終究只屬政治手段，「Target audience未必是香港人本身」，最終香港人還是要靠自己。

學者觀點

　　這場由修訂《逃犯條例》引發的抗爭運動，隨著警察濫用所謂「最低武力」或「相稱武力」，加上瘋狂濫捕，動輒控以暴動罪，配合律政司採取比其他案件都要快的檢控速率，民怨迅速升溫，怒火蓆捲全城。6月以來，香港猶如發生一場世紀火災浩劫，相信4、5月時，無人估到星星之火眞可以遼原成災；更不幸的是，政府在火災蔓延之際，竟不斷火上加油，一百萬、二百萬人的聲音僅換來「暫緩」二字，縱容警察濫權、包庇「藍絲」及白衣人作惡，接連有抗爭者不幸喪命，局勢惡化至難以想像之地步。9月抛出遲來的「撤回」二字，無補於事，抗爭者憤怒到寧「攬炒」也不妥協就範，套用電影《Hunger Games》一句對白，「If we burn, you burn with us」，抗爭者要與當權者及警察玉石俱焚。

觸發運動之原因：政治問題必須政治解決

　　這場浩劫，沒有一個香港人可獨善其身。凡事都有前因，近因大家都知道，是港府利用港男陳同佳牽涉的台灣殺人案，宣稱要修例「堵塞」法律漏洞，此舉被指將港人「送中」，而後來有報導指出，修例「初衷」其實是爲了令港府有法理依據捉拿一些帶同巨額資金在港「呼吸自由空氣」的內地富商，特首被指奉命執行此「地下指令」，最終燒起滔天大火。筆者作爲一位前記者，明白fact check的重要，但此類消息，老實說，根本很難有實質證據證實，只能從周邊資料及合理推斷去估計其可信性。綜合來看，筆者傾向相信有關消息，因爲涉及內地的事務，特首根本不可以完全按自己意志去做，特首愈是強調動機單純，愈顯得別有內情。

　　近因是修例，但遠因呢？中聯辦或部分建制派將這場「火災」歸咎所謂深層次矛盾的經濟民生問題，甚至簡單亂指房屋問題爲爆發民怨根源。政府在早前的施政報告中，力推房屋政策，包括用收回土地條例收農地建公屋，聲稱希望解決社會矛盾，被指轉移視線。立法會地產及建造界議員石禮謙接受訪問時

直斥政府不應把所有風波歸咎於房屋問題，「五大訴求沒有在要求你給他們房子！」他指年輕人及抗爭者要的是公義、公道、公開及公正，並非要求物質。筆者之前旁聽過香港民研的青年慎思會議，逾八十位青年在小組討論時各自表達站出來抗爭的原因，基本上絕大多數都圍繞著五大訴求、對香港被「赤化」及「被殖民」的不滿，房屋問題只是個別青年數落港府缺失時稍稍提及過。無論如何，不容否認，這次抗爭完完全全是政治問題，訴求亦全是政治訴求，政治問題只可以政治解決，建制派如永不真心承認這個現實，無法有任何對策。事實上，他們不可能不知道，只是不願公開地承認而已。

政治問題，簡單地說，抗爭者就是不滿政治制度，即沒有真正的雙普選、粗暴DQ非建制派議員，2014年人大的八三一政策落閘封殺真普選，傘運一役的不甘心及鬱結，從心底深處爆發出來；更宏觀亦其實更簡單地說，就是不滿一國兩制漸漸成為一國一制，二十二年來內地制度、內地人、內地文化侵蝕著香港，如果要說深層次矛盾，這才是最深層之處。正因如此，愈來愈多人認同，在內地一國必然凌駕兩制的情況下，所謂「港人」治港完全沒有任何意義，因任何成為特首的「港人」，只會是聽命於中央的傀儡，高度自治亦只是空談，故此港獨成為一個「順其自然」的選擇。基於上述立論，假設只有一國一制或香港獨立可選，二選一的情況下，港獨是必然的選擇。

仇警情緒令抗爭持續，警察「藍絲思維」仇視記者

今次抗爭持續如此長時間，層面如此廣，沒有人事前可以估計得到。說一早已預料事情會發展到如廝田地的，都只是「假先知」的馬後炮。抗爭不息，當然因為民怨無法紓解，民怨在哪？中共、港府官員、建制派及「藍絲」之外，最核心的是來自警察。抗爭從來都是由怒火延續，長達逾二百日的衝突，為的是公義及政治訴求，但同時都無可避免因為恨意，這個不需逃避。這場抗爭是充滿仇恨的，筆者相信「要為自己、為被打被捕被凌虐的香港人報仇，才對得起死去的手足」，這是不少堅持下去的抗爭者之想法。你看看抗爭者的口號，由「香港人加油」變成「香港人反抗」，再變為「香港人報仇」，反映當

中的怨恨，亦可看出運動一直演變，因應發生的事件，抗爭者的心態都有所變化，濫權的警察不用承受任何後果，怨恨不會消滅。世上沒有無緣無故的恨，警察如何濫權、如何失控、如個選擇性執法，不用多說，有無數的片段、人證可以支持這個講法。

除了警察的暴力行為外，更值得談論的是「警謊」。警察在2014年傘運時，已有不少「語言偽術」，但與今次運動相比，正面一點去形容，簡直是突飛猛進，更創出不少詞彙新解。

警察在四點鐘警方記者會實行其「語言霸權」，一個活生生的無裝備市民，在荃灣跪地哀求持槍警員停手，片段清晰可見該市民被警員一腳踢倒，警方高層竟以「用腳推開」去形容當時情況，令公眾嘩然。其他例子，當警察被指無差別攻擊在示威現場的市民時，警方高層以現場有暴徒「喬裝市民」，去為同袍辯解開脫；在商場備一班警員一字排開前行，幾乎霸佔整條通道，一名沒有任何裝備、沒有口罩面罩的中年市民在通道最側邊貼牆而行，以免撞到警員，雙方相遇時，其中一名警員竟主動大力撞倒該市民，並出言喝罵，事後警方高層將情況形容為「互不相讓」，更教導只要大家各讓一步就沒有事，極盡顛倒是非黑白之能事。警察在今次運動中從不認錯，可以說是緊遵前「一哥」曾偉雄傘運時鼓勵下屬「你們沒有做錯」的教誨，將黑說成白而面不紅氣不喘的無賴表現，就恰似撐警的藝人陳百祥及立法會議員何君堯。

陳百祥與立場相反的藝人杜汶澤一場電視「辯論」，令公眾看清「藍絲」特質，「我不知！我不懂！我不信！我沒有立場！我看不到！我只看到×××！」何君堯則經常以自己的口才去「修飾」用詞，曾勸告另一議員朱凱迪「有兩條路選，一條是生路，一條是不生路……」如果警方高層是一位演員或藝人，又或是一位政治人物進行表演說辭，公眾覺得不合意的可以當耳邊風，但警方是有絕對責任如實回答記者問題，如實向公眾交待實情，一字一句都要實話實說，不可以亦不可能耍無賴。正因如此，一批記者終在記招期間作出不止一次的抗議行動，包括戴上頭盔，並在頭盔上貼上字句「查警暴、止警謊」。警察與記者的關係，跌至冰點。

今次運動中，警察經常指控記者只拍攝警方行動情況，又認為有記者幫抗爭者阻擋警察行動，然後就將所有記者視為敵人，以「黑記」稱之。首先，記者並非只拍攝警方行動，新聞網媒以至傳統媒體的直播畫面，不斷見到抗爭者掘磚、扔雜物、噴漆以至縱火的情況，究竟拍攝警方行動多些，抑或抗爭者行動多些，未必估算到，但警察一直都不知道或不認同，記者的職責不只是記錄現場一切情況，更擔當監察擁有公權力的人士一舉一動，包括全港唯一可以合法持有及使用致命武器的三萬多名警察。

筆者分享一次親身經歷，2019年7月7日，仍擔任記者的我，在旺角亞皆老街一帶，穿上記者反光衣及掛上記者證採訪，當時情況平靜，站在一批警察身後，欲走前兩步拍攝前方抗爭者的情況，即被一名警員轉身大聲喝罵，內容大致是「走那麼近幹嗎？走開！你是什麼人？你想做什麼？」其他警員勸阻該警員，筆者與其激辯，解釋只想更近地拍攝抗爭者；其後有藍背心的PPRB（警察公共關係科）人員前來調解，辯稱有些同袍因為有槍在身後，當有人走近會比較緊張云云。如此一來，記者在警察身後，太遠拍攝不到任何畫面，太近隨時會被指控搶槍；記者在警察身前，面向抗爭者，又會被指阻差辦公，如在抗爭者前方拍攝，就被指幫抗爭者兼得到「只會拍攝警察」的無理指控。事實上，站在兩者中間的側邊拍攝，似乎是最理想的選擇，以往不少示威現場，也慣常如此，但今次運動近乎不可能。因現場所有人幾乎不斷移動，這一秒站在兩者中間，下一秒已被夾在中間也不出奇。

抗爭者全面進化，不割席無大台及國際關注造就運動持續

這次運動，某程度上是傘運及旺角騷亂之延續，最「神奇」的是，幾年來痛定思痛後，抗爭者幾乎自動分成勇武及和理非，吸取以往分化不團結的深切教訓，今次在各自崗位上各司其職，不割席成為共識，全體進化。抗爭者最初3個月，可說形勢佔上風，示威新招頻出，行動BE WATER、文宣力量強大，暴力運用點到即止，和勇互相配合，令繼續用傘運時打壓招數的中共、港府、「藍絲」、警察，被殺個措手不及，國際又關注香港陷入人道災難，同時讚揚

並驚嘆香港抗爭者的策略。當然，港府及警察不斷「助燃」，六一二、七二一、八三一，加上有抗爭者先後離世，每件事也將激發更多人更投入抗爭。

　　一班居於外地的香港人在今次運動高度參與，加上部分民主派人士積極赴外國反映香港的惡劣情況，造就「國際戰線」意料之外大成功。各方面都「配合」得出奇地好，不少建制派深信有「外國勢力」介入，否則不會有如此多資源、組織能力如此強；在他們的國度，這想法十分合理，但在抗爭者的世界，就會明白很多事也是自發而起，自動修正自動走位配合，效果就出來了。其中值得一提的，是眾志黃之鋒藉其國際間的知名度，集中在海外做游說工作，絕對比在港走在前線來得更有威力，始終他在港已失去號召群眾的力量，而更重要的是今次運動一大特點，無大台。

　　不過，大約在運動三個月後，9月中左右，特首宣佈撤回草案後，情況開始有所不同。這不是因為已完全無意義的「撤回」、二字，而是中共、藍絲及警察已掌握了抗爭者的套路，開始有進化，更重手止暴制亂，甚至「吹風」10月1日國慶是「死線」。結果十一沒有END GAME，反而是另一個激發點出現，開實彈射向學生胸口，但按警方的定義，學生中槍的位置是「肩膀」。然後，運動愈趨暴力，不是你死便是我亡。

「光復香港、時代革命」過後，一切都回不去了

　　由6月尾開始，很多人都問一個問題，運動會如何完結？如何收科？七一衝擊立法會後，有人認為民意會逆轉，結果沒有，立法會內出現的「是你教我和平遊行是沒用的」、「光復香港 時代革命」、「釋放梁天琦」噴字，更成為往後運動的重要信念。七二一衝擊中聯辦，又以為是END GAME了，但元朗白衣人無差別恐襲市民，人神共憤，就連藍絲民意也出現逆轉。總之，如何收科這問題的答案，不時轉變，7月時，解決六一二追究警暴撤銷暴動定性便可；到8月時，要再加上解決七二一這當時「最大公約數」事件；9月時，又加上公開八三一之真相一項，之後又有新屋嶺性侵控訴，舊債未還、新債又來，債台高築，根本沒有人知道或估計得到何時完結。

直到中大及理大兩場慘烈戰役後，民主派在區選來一個壓倒性勝利，局勢才確實降溫了，但抗爭沒有停下來。「五大訴求、缺一不可」，「解散警隊、刻不容緩」，口號繼續喊，但不同人都有不同想法，現實一點去估算，滿足到兩個最重要的訴求，包括成立獨立調查委員會追究警暴、特赦部分罪名較輕的抗爭者，可能有一半或以上的人都收貨。

　　是否收貨繼而停止抗爭，一直都是每個人的心理掙扎。如果未滿足五大訴求（其實撤回一項已做到，但不少人將重組警隊加入訴求）便收貨，可能就會如電影《Winter on Fire》其中一句對白「如果我們接受政府條件，我們已死去的朋友是不會原諒我們的」。

　　同時，我相信每個抗爭者都有反思過，問自己很多問題，和理非可能會問：「我在運動中做得太少了嗎？」勇武可能會問：「我這樣做值得嗎？」當中在不同時段有不同心情，內咎、後悔、憤怒、失落、無力，筆者也慨嘆過「為何經常要靠有抗爭者喪命才重新團結？」亦想過「區選後如何減少分化？」這半年多以來，大家的情緒也翻滾不停、亂作一團。運動如果完結，仍有不少變數，黃色經濟圈是否有持續性，有待觀察，但有一點可以肯定，這段時間，社會已變得不正常，黃藍陣營比傘運時更加撕裂，更仇恨對方，而抗爭者與警察互相極度痛恨對方，這種恨可能永世也難以消卻，特別是年輕人對警察的恨。中共及港府失去兩代年輕人已成定局，一切都不可能回頭。社會不可能完全回復到所謂的正常狀況，一國兩制注定名存實亡，相信所謂的2047年大限，將會提前到來，今次運動倘若失敗，將會加速一國一制完全展現，屆時香港人可能被迫走向終極港獨一步。

She

香港人
———最後一戰的起點

2019年的嚴夏與寒冬，香港的空氣始終充斥著揮之不去的催淚煙霧。

從港島百萬人遊行、多少次在夏愨道與彌敦道奔跑對峙、十八區遍地開花流水式示威，到中大理大之戰，反送中運動走到今天，剛好半年了。任煙霧再彌漫，都無法遮掩這座城市人民捍衛民主自由，以及法治與公義的堅持。那些畫面都將永遠定格腦際，拼湊成港人無法磨滅的歷史。

可革命尚未成功，面對香港政府一次又一次以漠然與武力鎮壓來回應民意，香港人接下來又該何去何從。我想，無論是怎樣的想法，也是需要很多人一起討論，才有建構到某些東西的可能，或是想到一個出路。而「Stakeholders in 2047」，正是抱著如此原意的計劃。我不知道最後是否真的可以改變些什麼，但至少，我希望我們那一代的聲音，能被聽見。

沒有什麼嚇人的頭銜，卻但願接下來她的故事、我的文字，能給世界了解多一點點，香港年輕一代與抗爭的種種。

關於她

　　她身高約1.5米，black bloc下掩蓋的身影瘦弱，我想起那天她坐在中大夏鼎基二橋迴旋處脫下面罩後疲憊的樣子。她在這場運動中能做的都做了。網上聯署、捐款、分享資訊是基本；現場的物資捐贈、運送和傳遞她做過。她，是所謂的「前線」——滅過火、掟過磚、無數次在槍林彈雨下苦苦撐著傘陣。多少次催淚與橡膠子彈從旁擦過，她吃過子彈，九死一生從滿地玻璃碎片的鐵閘爬出來過。中大二橋之役她在、理大包圍戰她也在。自6月9日起始，香港最陰霾被視為港殤的那些日子，她都不曾缺席。

　　但原來那樣的她，亦曾在雨傘運動後心灰意冷的沉寂過，直到那天。

導火線

　　是什麼驅使你決定站出來參與這場運動的，我問。

　　「其實一開始我的參與程度並不是很高，特別是4月時。」她嘆了口氣，說因為對2014年雨傘運動的結局過於失望，並不覺得這場運動可以持續到什麼樣子，或是引發導致些什麼。2016年的魚蛋革命、立法會DQ風波，教她一次次的無力與失望，因為灰心，大概也走到盡頭，所以只想躲起來，做隻不問世事的港豬。

　　「但是這次感覺不一樣，爭議性挺大的。事情發酵到6月的時候，我感覺自己應該再關注、多了解一些。」她歪著頭回想。「那爭議性之所以那麼大，是因為反送中關乎的已不只是普選，已經不是政治權利那麼簡單，而是牽涉到每一個人，你對於自身在這個地方生活所得到的一些權利和保障，都被人剝奪了。」

　　她緩緩的道：「加上真的看到很多人願意走出來，好像覺得是否也有些希望。好像自己也應該要、盡一分力那樣。」還有朋友，她苦笑道，若你知道有

朋友在現場，免不了會擔心他們。

朋友。這或許是一個很主要的因素。

因為擔心，因為不想獨善其身，所以寧願與他們一起共進退，也不想要一個人躲在背後當冷氣軍師。她說這話的時候雙目射出一種近乎頑固的堅定。我想，這也是許多年輕人走上街頭的原因。因為無法看著朋友們戰的戰、傷的傷，而自己安然站在遙遠屏幕的另一端。那無恙的重量太沉，好像平安都是種罪，所以必須站出來，縱然能辦到的不多，亦至少不會為僅剩自己的安然愧疚。

「哎，我不會說到很偉大，什麼其他人不做，唯有我做這類的話，我不覺得是這樣。但是在這裡、這時，若我不這樣做的話，受傷的人、被捕的人數可能會更多。所以即使我不擅長跑步或打架，我也會盡我所能走到最前。可能只是滅一下火，或是偶爾在我可以觸及的範圍下，掟磚塊和火魔法。因為你知道很多和理非基本上一放催淚彈就撤退……」她皺著眉，認真的道：「你唯一能做的，就是當不退的那一個。」

「其實我想很多人也會跟你說，你怎會夠政府鬥，夠共產黨鬥諸如此類。也是的，你必須承認，他有槍嘛，那你又沒有槍能怎樣。」她攤了攤手，苦笑道：「或者這麼說吧，即使最後這場運動以失敗告終，我知道自己已經盡了所有的力。我不會想是不是會斷送前途那些，我只知道現在不做，一輩子也會後悔。」

她的話語聲線不高卻字字鏗鏘。而當我問到她認為這場運動爆發的主因是什麼時，她吐出了兩個簡短卻強而有力的字：恐懼。對共產黨的恐懼。

「其實無論是泛民也好，本土也好，或者有時候是老一輩逃難來香港的也罷，基本上對中國共產黨是一種恐懼的情緒。即使你說中國現在發展得很好，經濟很好，好像很發達等，但其實他們對於整個共產黨的情緒也是恐懼居多。所以必須承認民主派、或非建制派的所謂命名做得很好，從反修例到反送中，其實真的牽動了很多人的情緒。或者該說有效的勾起了人們的恐懼，讓他們站出來。」

她說這個運動由反送中開始牽引了太多人們可能以前就知道存在、僅是還未確切浮面的問題。而運動，讓人們開始意識到更多這樣的問題以及其嚴重性——警暴、制度上的不公、中共的野心、一國兩制的脆弱。

　　「銅鑼灣書店事件。我想會讓很多人想起『送中』這個問題。因為他是被綁架，被消失，然後被認罪等等。即使你有外國護照，你是外國公民也好，他（中共）也可以說你不是。因為你生存在香港，你首先是一個中國人。很多這樣的問題。」她諷刺的說著那些不公，續道：「由旺角魚蛋革命那件事開始，當時警察只是向天鳴槍，但人們已經是那樣的憤怒。或者說那時就已經知道原來他（政府）不想讓你做的事，是可以那樣用盡所有方法制止你。」

　　她說著6月9日以後，人們因為看到這個政權真的愈來愈過分，誇張到不能置信，所以更多的人因此選擇站出來。「為什麼你可以在那個中信大廈外面，一個申請了不反對通知書的地方瘋狂放催淚彈？為什麼你可以迎面朝記者射催淚彈、胡椒噴霧，向手無寸鐵的人開槍射頭打爆眼？警暴其實也存在很長的時間了，只是這場運動讓你看得更清楚。說實在，警察打犯、故意刁難那些我不相信會沒有，但是不是去到當面有鏡頭也照打呢。是不是當片段都被錄下，真真實實的存在，你也說沒有發生過呢。很多這樣的事情，也可以說是扣連到對於『送中』的恐懼吧。天安門那時你還能說資訊很封閉，很多片段共產黨不會讓你拿出國外諸如此類。但現在是你什麼影片都有了，然後他也能說根本沒有發生過。」

　　不應該是這樣的，她搖了搖頭，說現在人們常把政府對於學生運動的鎮壓類比六四，其實早已暗示著這場反送中運動，扣連的是對中國深感恐懼的那種情緒。

　　「遠因就是制度上的不公義。」她說：「制度不公、制度暴力。基本上若你不認同這個政權，你就什麼都不用做了。就好像你現在選區議員也要被問喊的那句『光復香港、時代革命』想要表達的究竟是些什麼。這其實是一個很大的審查制度。真正的民主是大家也有自己的意見時，只要不是那些反人類的政治主張，基本上也不應該被禁止。」

人們被槍擊、被控暴動、被強姦、被自殺，她啞聲的說：「我真的不明白，為什麼生活在世界一線城市，或者一個那麼國際化的都市，可以發生這些如第三世界國家的事情，你會覺得其實好荒謬。」

我苦笑無語、抬頭看著她。而她則笑言，現在覺得我們比烏克蘭還要慘。

事實上，九七回歸後，制度上就一直存在那些終有一天將無法掩飾的隱疾。2014年起的雨傘運動、2016年的魚蛋革命、銅鑼灣書店事件、立法會宣誓風波，一直扣連至今天的反送中，無一不是根本原因。「送中條例」是條導火線，引爆的是人們對於中國以及香港政府的不信任，至乎恐懼。

唯一的出路

那麼，你期望這場運動能達到什麼目的？

香港獨立。她毫不猶豫的答道。

我怔了怔，笑了。我是說這場運動，說點實際的吧，我說。

很實際啊，我是認真的，她說。「我覺得你必須承認一件事，那就是你想解散警隊，不獨立能做到嗎？就算你不解散警隊，雙真普選，我也不認為不獨立就能做到。他（中共）是不會讓你這樣做的。還有什麼撤回暴動定性，釋放被捕人士那些就算啦。那些叫做門檻比較低，但說真的要到釋放這一步，是你要給政府足夠的壓力去做這件事，要讓政府感到那個壓力大到、若他不這樣做，就會對自己整個政治生涯有負面影響。」

可目前面對的現實是，若中共包庇執政者，就沒有人能動他一根寒毛。她緩緩的道：「我想要的是真正民主的社會，不是像現在般僅有一半好像民主的制度。其實大家都很清楚，自2003年起，你聲稱自己是特別行政區，但是實質上你知道中共做的事愈來愈多，明的暗的，都做了太多。我真的看不到任何原因、方法或是希望他會放權。我真的想不到，除了獨立，還有什麼出路。」

「即使她成立一個所謂獨立調查委員會，亦僅是敷衍你而已。南丫島海難，政府也成立了（獨立調查委員會）啊，那又怎樣，也沒能查到些什麼。即使最後她說，會查會查，那又怎樣，她不會做到任何事情的。我想大家對這場運動，怎樣才說真正結束呢，一是把所有人都逮捕了，又或者可能政府『擠牙膏』式回應所謂的訴求，有些人會『收貨』；但是一天有人不接受不妥協，而香港還有勇武的時候，這場運動是不會完的。可要把五大訴求都實現，除了獨立以外，我想不到別的辦法。」

獨立這個想法或許聽起來很激進，卻是香港人唯一的出路，她如此的相信著。「因為現在所有的核心問題均源於中共干預香港內政，而一天干預不停止，你能做到的其實很有限，能做的僅是在他控制的框架下。」

「我並不反對要給予這個理念發芽的時間。」她說：「承認自己思想上的局限，所以也許用不著立刻實現，但至少該容得下討論的空間。」

「香港人」的身分認同

「我想我們這一代、或是所有經歷了反送中運動的抗爭者，沒死的，沒被人折磨到意志極軟弱的，即使是前線也好，流亡的也罷，你會很相信自己是一個香港人。而這件事已經很重要。民族性。說獨立，民族性真的很重要。」她說，而香港人的這種身分認同，至乎所謂的民族性，是真真切切以痛苦連結出來的。

「對啊，真的是基於痛苦，大家對於被壓迫的一群，面對大家的痛苦，都好深刻的連結，深刻到大家很明確的感到我們和中國、或者藍絲，也就是愛國愛港、除了自私還有真的覺得自己是中國人的那些人的差異。我想大家是很強烈地去區分到自己。其實民族主義很重要的一件事是，『我們』和『他們』的這個概念，已經很明確的被建構了。而成就『我們』這件事的，一是恐懼，二是痛苦。」

是否存在談判的可能

你認為你或是香港人現時最渴望的訴求是什麼？

「釋放被捕義士吧。我想很多人也是這樣想，所謂五大訴求，應該會是這個。」她皺著眉道：「其實很難取得平衡，解散警隊，我想大家也想，但問題是，我覺得那些人被捕得不值。你解散了警隊之後，不代表可以撤控。那是否那些人就值得沒了十年呢。我寧願整班人安安全全的出來、回來，撤銷控訴，多於解散警隊。可能是因為我很多朋友被捕了，所以我這樣覺得。」

「可撤銷控訴，釋放被捕義士，那是我最想，但並非唯一希望的事。」她淡淡的道：「因為你知道核心問題沒有被解決。所有事情是環環相扣的，我們一早就知道你釋放他們的原因是他們不應該被控暴動，是很無辜的。更何況有些是被濫捕的，就像理大那個教師改卷，一出校園就被告暴動是怎樣。當然，一天不解散警隊，一天他們也可能再被捕被打，這是一個死局，我也想不透，但我不想他們沒了十年。」

她的聲音有點哽咽，我沉默的聽著，那無解的課題。

「但這麼說吧，我相信法治精神。除非你真的做了壞事，不然那些無辜、政治罪行，都應該被釋放。如果真的有法治，我相信三萬裡至少有二萬個警察是可以被法律制裁，是要坐牢的。若是這樣，至少可以平息民憤。人們那麼生氣的原因是因為不公，為什麼這些警察做什麼都可以、沒任何後果，而我什麼都沒做，總之你覺得我有罪就是有罪？這是大家最生氣的。我相信的法治精神，也許是一個很理想化的事——若我做了壞事，我願意承擔刑責，但同時這個原則不只是對我，而是對所有人也應該是這樣。」

那你覺得若達到法治，平等公道對待每個人，這個條件你可以接受？

「對。」她說：「但問題是，現在香港的所謂法治卻是常與政治掛勾，若這個問題不能解決，是沒有意義的。比方說，如果我們相信法治、相信這件事，那麼根據《基本法》，我們是不是應該有一個『全面而普及的選舉』呢。

其實整件事，像我剛剛說的，是環環相扣，而那些問題是一直深埋著，真實存在的。只是之前沒有一件事去引爆。」

所以還是五大訴求全實現？

「也是的。」她笑了笑道：「先別去想怎樣實行，我個人是覺得不是基於這對我有什麼好處或是利益，而是既然有些人當初是因為這些事走出來，而他們被捕被姦被殺，那如果不把這些都做到，我會覺得對他們不起。因為既然他們的初衷是這樣，我們就應該為他們走下去，直至成功為止，始能還他們一個公道。」

「我從來都不相信什麼歷史會還我們一個公道什麼的，歷史一向都是勝了的人寫的啊。我們這一代經歷的，若你到最後一刻也是含冤而死，即使歷史會判你無罪，那又如何，對吧。其實我們都早已沒有退路了，今次輸了，就大家一起做新疆吧。」

改變

「這場運動，即使很多人知道會輸也好，也只是想給自己一個交代。而不是、從來都不是勝利球迷，不是因為會怎樣怎樣所以才去做啊。不應該是這樣子的。」

「我七一之後就沒有回過家了。」她輕輕的道：「這場運動令我離開了自己的舒適圈，或者說，即使知道路會艱難，也只有繼續走才會看到出路。要掌控回自己的人生，才算真正的獨立。不管是香港也好，自己也好。」她淡淡地說：「若說要對誰交代的話，就只有自己。」

「從小到大第一次知道香港人可以這樣團結，大家的群體是可以那麼關心大家。」她說：「可能我們從來沒經歷過六、七十年代那些什麼獅子山精神之類，香港人好像從來都是很冷漠的樣子，你連隔壁住著的姓什麼都不知道。但現在好像不再是這樣，現在即使你不曉得那個人的名字，你還是會很願意幫他

啊。因爲你知道大家都是在爲同一個目標努力，大家眞的都是想像的共同體、命運共同體。」

反送中的本質──這是一場運動，暴動還是革命？

「革命。」她平靜的道，沒有一絲猶豫。「因爲革命是大家共同擁有一個很理想的概念，由民眾開始發起、從低至高的草根運動。從來革命是在說你很根本性的、很制度性的去改變一些事情。」

「運動，我會理解可能是反天星（碼頭清拆）、反高鐵那些。因爲你不是很強硬地去做某些事，是比較和理非的那種，純粹是你表達訴求，希望政府能聽民意。暴動，說得老套一點就是什麼非法集結、破壞社會安寧、令人害怕之類。我相信我們從來都不會讓人害怕，抗爭者從來都不會讓人害怕。我想大家說，外面哪裡很亂，從來都不是因爲有班黑衣人、蒙面人在，而是因爲你不知道那些警察什麼時候會發狂，又會發到什麼程度。暴動，是會傷及無辜的，這點很重要，也就是爲什麼六七是暴動，是因爲那些炸彈眞的隨時都會炸死不相干的人。還有就是肢體暴力居多，而社會大眾均認同這件事會對社會造成不良影響，普遍性都不認同這班人做的事。」

「所以我覺得這是一場革命。」她說，那革命什麼時候會爆發呢，就是當人民到了一個不能再差的地步，這時人們才會有一個決心團結起來去做某件事。她說，而你必須承認，從反送中的起始，無論是對整個政府，信任與否，甚至是整個體制，人們開始有著許多不同的想法、想改變的種種。

「或許最後我們未能成功推翻這個政權，或許最後我們甚至沒能從制度上改變到太多。」她啞聲的道，「但對於我們這一個世代，我們經歷過的，思想上、生活上，都有一個很基本性的顛覆，現有的一切徹底的推翻了從前所有的認知。」「從小到大學的什麼香港有法治、港人治港、五十年不變，你會發現所有事都不是這個樣子。一來思想備受衝擊，二來終於意識到的時候，會牽引

到你根本性的改變，無論是制度上還是思想上，所以這是一場革命。當然會流血會死人，但這影響深遠的，是革命。」

對未來的展望

香港的核心價值是法治和民主自由，她如是說。

「關於民主，我們相信的是，政府內部是有一定透明度，而人們可以清楚知道政府的運作，我們不滿時可以用選票拉他下台，而你有任何的社會運動也好，你期望他會聽從民意的。就像法國黃背心運動那樣，即使不完全實現，也至少作出一定的妥協。」她認真的道：「而不是現在這個樣子，不是像現在大家手上的選票重量是不一樣，好像你的民主聲音比我大似的。不應該是這樣。更何況回應民意，不是說你就僅僅給些反應。大家說林鄭不回應訴求，其實她是回應了的，她說no嘛。」她笑著說，好像把荒謬當作諷刺，現實就不至於那麼苦澀。

她向我描繪了關於獨立的想像。她說，她希望有天香港人可以決定所有的事，好像其他民主發達的國家的樣子，有參議院眾議院，走內閣制，有政黨政治、政黨論題，相互競爭和進步。在那裡沒有被欽點的領袖，只有民選的政府。還有完善的政治階梯，給那些有心從政、服務人群的人一步一步的走上去。

大概不會一開始就很穩定，她說，那些什麼還政於民說的冠冕堂皇，要真正重新建立的時候卻非易事，但大家知道彼此有著共同的方向，即使爭吵，亦並非壞事。

「即使不走到香港獨立這一步，我覺得至少有些東西是該還給香港人的。」她嘆了口氣，道：「作為一個前殖民地，香港人應該有自己決定前途的權利。公投、真真正正落實《基本法》所有的條文，並將之嚴正執行，也就是說將所有民主自由什麼的都還給港人，實施普及而平等的選舉。那我想很多人

也會接受的了。」

那你接受到嗎，我問。

「我的最終目標定然是獨立。」她苦笑道：「但是我覺得最重要的還是要把選擇權還給大家啊。因為有些事情，你是本身有這個權利做的，至少你讓香港人決定想怎樣。那若是大部分人都想要那樣，那是我相信的民主，那我也會接受。」

若中國干預香港內政的情況能如2003年以前，至少我們能像以前那樣生活，但多了些選擇權，她說，那麼目前來說，我覺得已經很足夠。

結語

她的故事，也是很多香港人的故事。經歷過傘運，又浮沉於反送中之中。她逃避過，心灰意冷過，想過當隻只管吃喝玩樂的「港豬」亦無不可。但當事情發生時，她就是無法對那些不公視而不見，所以扛著沉重的社會責任與公民義務站出來。即使，代價可能就是一生。

我聽著她認知中的民主，其實僅是教科書式的基本，可諷刺的是那些人們曾以為存在的民主，終究亦只是個會被時間戳破的謊言。香港人會在短短五個月內覺醒不是沒有理由的。因為正在發生的一切，已經無關什麼政治見解、權利。因為當每個人都能確切的感覺自身安全被威脅，當不公濫捕濫打甚至乎殺人強姦成了日常，這是關乎良知與身而為人的原則和底線。不站出來，良心會痛。

那些我們高呼的核心價值——法治與民主自由。香港人想要的不是口上說說而已，不是像現在那樣意見接受態度照舊，逕直把數百萬的民意無視，說句我知道了、我回應了就沒有然後；而是當社會對政府不滿時，後者真的會聆聽民意，該道歉時道歉、該談判時談判，提出並履行改善方案，我想那才是大家認知中民主的樣子。

香港人並非沒有嘗試再相信過，不然就不會有六九、六一六、八一八那些一、二百萬足以記在歷史裡的驚人數字出現。人民走出來和平集會遊行，是因為還相信、還想要相信，裂縫可以被修補，破鏡還能重圓。可當信任已經完全碎裂，香港政府的支持率與誠信跌至谷底，反送中是運動也好，革命也罷，走到今天，誰都回不到過去。焦土和攬炒派的存在，就是人們過於絕望的證明。所以想要同歸於盡，寧為玉碎不為瓦全。

　　這是極其危險的訊息。

　　因為再這樣下去，失去的將是一整代人。或是更多，兩、三代人。沒錯，社會可以重新被建立，人可以重新生長，但那個城市已經不是香港。因為有些人和事，終究是不能被取代。因為組成香港這個詞的，不是多少資金和制度，而是這裡的人啊。

　　我想中央和港府在這個六月以前，不曾想過人們的反彈會是如此空前絕後吧。如果政府僅有一事該從反送中事件學會，那就是，有些原則和底線不能被踐踏。

　　所以，如她，為了守護最愛的城市，走上了那道不歸之路。

　　她知道獨立之路還很遙遠，也並非現在大眾所支持的。只是目睹著一次又一次的荒謬與不公，對中央和現時港府的謊言，她早已厭倦，相信只有推翻現在的所有，獨立建國，香港始會有未來，才會有真的希望。

　　其實對於港獨這個想法有了更深的理解。

　　偶然看到的是，主張港獨的人們其實也有著不淺的學識和自己的見解，不是因為反叛、激進，亦非毫無根據，而是因為有著深刻透切的體會與領悟。或許有點痴心妄想，但更多的是深思熟慮，在絕望浮沉裡看見那唯一一線光，所以選擇了最困難的路。即使滿途荊棘，即使早已千瘡百孔，仍倔強的不甘。

　　我不知道那樣的夢是否還過於遙遠，但我能感覺，這個城市正確切的發生一件事——那就是，因為這場運動，「香港人」這個身分被痛苦與恐懼漸漸地刻劃，輪廓變得清晰而不再模糊。

　　在這裡我想要用後結構主義的二元對立論對香港的現況作出分析。反送中

運動教很多香港人的危機意識冒起，人們不願、懼怕「被送中」，是因為我們知道，那裡有著與我們根本性的差異。沒錯，我們，與他們。「我們」說廣東話、寫繁體字、有某程度上的民主與選舉權、有法治、有新聞言論集會自由。「他們」說普通話、寫「殘（簡）」體字，沒有司法獨立、沒有民主和自由，有的僅是一黨專政、大型監察和箝制思想的種種。可現在，藉著送中條例，「我們」隨時有機會變成「他們」那個樣子。「我們」害怕，所以覺醒，在危機中奮力捍衛那些構成「我們」的元素，包括民主自由。而那些「我們」和內地，甚至親中分子的差異，在一次又一次被武力鎮壓的不公下、被制度暴力的欺壓下，毫無保留地完美呈現了出來。

　　而言論，在此之中亦擔當了極為重要的角色，不管是反送中期間傳統媒體的真實報導，或是社交平台的討論、評論傳發，還是坊間的所謂文宣，都確切的塑造了二元對立——「他們」是怎樣在極權主義下橫行無忌，強行侵入香港固有的文化，威脅我們原有的核心價值；而「我們」，又是如何拼死阻擋那些「入侵」，在槍林彈雨下同生共死、又或以死相諫，僅為了守護最愛的家與整個時代的未來而賭上一切。

　　那樣的「我們」和「他們」的二元對立過於鮮明，足以讓香港的「國民身分」建構起來甚至無法磨滅。因為這種香港人獨有的身分認同，都是建構於血與淚之上啊。關於這一點我很認同她的看法，年輕一代經歷過反送中的，要教他們怎樣回到過去。香港與香港人這個概念被重新剖析和塑造，若干年後，這個城市與它的人民會是怎樣的樣子——香港會獨立嗎？還是淪為與內地眾多城市無異的中國香港市？或是更甚，另一個新疆？

　　我不知道。我只知道，那個仲夏初秋與寒冬，催淚煙或許淹沒了這座城市以及愛它的每一個人，但香港人這個身分會留存下去。一直一直。

　　願，榮光歸香港。

阿文

「是你教我和平遊行
是沒用的」*

*由編輯團隊摘錄自篇章

阿文與和理非的演化

　　阿文（化名）自稱「和理優」，即「和平、理性、優雅」。「和理優」這個講法，最初來自社區網絡發言人劉穎匡。他在2019年7月7日九龍遊行前夕向記者表示該活動「和平理性優雅」，不會衝擊或使用暴力。問到爲什麼阿文在「反送中」運動中自稱「和理優」，而不是「和理非」（和平理性非暴力），他說自己並不接受暴力，更認爲暴力對運動未必有正面效果。這個答案卻似乎表示，「非暴力」對阿文來說不單是道德原則，也有其戰略意義。同時，阿文又認爲「反送中」最初只是社會運動，卻逐步演變成針對中共政權的革命。對於抗爭者被動地受到暴力對待，阿文表示能夠理解他們的反抗心理。訪問最初由10月開始邀約，至正式訪問、執筆時已是12月。阿文和筆者都不禁感慨運動發展太快太猛烈。短短一個多月便已經歷過中文大學、理工大學的衝突以至各院校停課，許多既有的和理非概念、界線其實也受到衝擊。和理非抗爭者一方面在心理和道德上未能接受使用武力，卻又無法提出更切實有效的辦法面對政

權暴力，同時更擔憂運動會失去各方支持。這種處於道德與實際效用之間的考量，恐怕是每個人都要面對、思考的問題。

「是你教我和平遊行是沒用的」

阿文生於八十年代，在本地升讀大學，工作數年後到歐洲完成碩士。現在阿文仍然不時來往香港和歐洲，或在香港仍和歐洲人、事保持聯繫。同齡的人對於這個成長故事大概不會陌生，身邊總會有一兩個朋友出去又回來，甚至筆者自己本身也有這個經歷。留學生回到家鄉時，往往因長時間居於外地、習慣外地文化後，回到土生的地方反而不習慣而再一次面對文化衝擊。阿文所面對的反向文化衝擊，不只表現在日常生活，還與政治相關。不少港人視歐洲為民主搖籃，期望歐美人士及組織會因為各自歷史或教育背景，多為香港發聲。阿文卻不以為然。身處6月至今的社會運動，阿文感嘆身邊「港豬」、「中立L」太多，即使受過高等教育，甚至曾於外地居住、求學、工作，仍然容易受片面的政治宣傳影響，看不見或無視各種制度暴力和利益輸送。當筆者以為阿文口中的「港豬」都是不關心政治的本地人時，阿文卻補充說其實當中許多都是在港工作的歐美人士。他們來到香港後往往局限於自己圈子，除了工作，未必有很大動機接觸本地人或參與社區事務，遑論主動支持民主運動。筆者試圖反駁旅居本港的人士難以透過中文理解新聞，未必能真正全面明白本地時事。阿文卻直指他們許多不是看不見問題所在，只是事不關己、己不勞心。同時，阿文因工作不時會接觸旅港歐美人士，雖能明白他們由跨國機構派駐香港，或許因身分敏感，未必可以隨意發表個人意見，可是諷刺的是阿文看到為數不少的旅港歐美人士以既得利益者身分站在極權政府一方。理解到這一點，阿文認為港人實在不應對本地外國人存有太多幻想，應該靠自己努力爭取、自求多福。

阿文希望除了以遊行集會等行動表達個人意見，亦希望支持和支援較年輕的抗爭者。身為香港人，在這個地方面對危機時，有責任為香港的未來出一分

力。阿文在運動中的參與由最初單純在網上分享文章、捐款,以至出席遊行集會和人鏈活動等等,慢慢變成參與罷工、貼連儂牆、主動在朋友圈子裡落力說服其他人支持,以及與身邊好友籌款購買各類前線物資。阿文自己的講法是從「純遊行」變成「愈來愈前」。阿文的轉捩點是所謂的六一二,即6月12日金鐘的示威活動。當天最為示威者陣營詬病的是警方在中信大廈外向示威者使用催淚彈。他回憶當日首次見到前線相繼受傷被人攙扶到後排接受急救,即時反應竟然是失控地笑。他補充說因為感覺太超現實,簡直就像電影情節,當然也有緊張又不懂面對的成分在內。當時人群正被驅趕,阿文說自己沒有受傷,完全因為身邊的人出聲提點,幫忙帶自己離開。阿文回想當時情況,既面帶慚愧,又感激旁人完全出於義氣幫忙。親身經歷讓阿文反思,應該怎樣才能避免自己再次成為旁人負累,開始了解要怎樣盡自己能力支持抗爭,延續雨傘運動未竟之功。問到阿文為什麼沒有參與前線/防衛行動。阿文的反應是「唉,因為自己廢,什麼都不懂」,因為2015年時人在歐洲,沒有經歷佔領、雨傘等事件。面對警方的武器槍彈,阿文驚嘆年輕人已懂得如何利用簡陋器具應對。阿文坦言自己根本幫不上忙,不敢拖累別人,還不如參與捐贈物資,或作運送傳遞。

除了以上的親身行動之外,阿文意識到自己最能發揮效用的是「國際戰線」。筆者問阿文既然認為不應對本地外國人存有太多幻想,國際戰線又有何意義?他說不能一概而論,某些情況下香港利益與居港外籍人士一致,假如由他們向外宣傳,效果事半功倍。再說,尋求國際輿論支持與居港外籍人士的支持並不一樣。阿文強調連結對運動有幫助的人對運動整體仍然有用,最終能夠對中共政權施加壓力。阿文提到的另一點是,不論身處中國防火長城(即中共控制下的互聯網審查系統)內外,都有為數不少來自大陸的反共人士。這些華人比一般歐美人士對香港有多一分同理心,更願意為香港民主運動出一分力,因此與他們緊密聯絡、分享自己感受和香港最新狀況,更能輸出、維繫和擴大各方抗爭力量。

「問題喺個制度」

　　阿文認為，6月開始的運動表面是「反送中」，但市民參與運動的最大原因還是制度問題。用阿文的講法是：「積怨」，長久多年、來自制度不公的積怨。市民參與運動是由於多年來政權一直在香港政治宣傳其經濟發展。然而此舉不斷製造中港矛盾，例如政策上輸入內地人到港、多項大白象工程方便大陸人來港，在各種不同層面爭奪資源，或是對港宣傳內地發展，要求港人到大陸工作等等。阿文首次感受到中國崛起和支持者自大心理，是當他2009年由歐洲回港後，聽到不少人對2008年北京奧運會的讚美。因爲阿文自己沒有在港經歷2008年奧運，頓時感到疏離、不理解。阿文重新在港定居後，驚覺「中港融合」非常順利，例如在街上經常聽到普通話，發展至近年，已不單純是大陸自由行旅客和水貨客影響市民日常生活，反而是愈來愈多香港年輕一代北上娛樂消遣，又緊貼大陸流行文化。

　　除了生活上的不便，更加困擾阿文的是政權所宣傳的官方說法，以其「大一統」的論調不斷矮化、醜化港人。這種抹煞香港價值和港人自我身分認同的論調顯得中共政權自大，猶如殖民政府不尊重被殖民者。推行國民教育、「普教中」以至近期提出取消中學文憑試中的粵語聽講部分等等，都明顯是欲透過教育制度影響下一代的身分認同。阿文認為中共政權這種表面上的自大其實是出於自卑。既然不能短期內完全控制、同化港人思想，便以政治宣傳矮化香港。不單沒有主動減輕中港矛盾，甚至故意激化而達到管治目的。除了這種1997年過渡後的各種積怨外，阿文直指「一國兩制」本身行不通，其制度問題大致可分爲兩方面：包括香港政府無能和中共體制的壓迫。

　　阿文認為6月至今的運動由政府強行推動「送中條例」引起，此一導火線除了反映政府無能，更深層的問題在於政府無權處理表面上是外交範圍、卻在實質上影響香港的事務。而香港政府的行政機關似乎不斷利用各種途徑進一步削弱港人自由，未能針對港人利益施政。同時，司法機關亦未有盡力把關，容許各種政治打壓藉司法之名進行。政權以非法集結甚至暴動等嚴苛法令打壓市

民集會權利，另一方面又往往對政府友好的群體網開一面。這類事件如元朗七二一事件、八三一太子地鐵站的無差別襲擊等都是市民有目共睹的。這些「個別事件」放到同一個脈絡來看，清楚反映出香港制度早以腐敗，港府一直強調法治名存實亡。即使市民和平表達意見，亦只會被視為犯法，不會得到政府聆聽採納。對於阿文，腐敗的制度至此完全暴露，北京委任的政府在香港管治已經失去其道德合法性。香港人面對的除了是政權多年的政策傾斜和制度暴力，由6月起更加要直面極權暴政藉著警方施行的暴力。在這個情況下，「和理非」抗爭升級只是市民迫於無奈的選擇。

回到阿文個人的轉捩點六一二，當時示威活動仍然以遊行集會、叫喊口號等「和你非」方式進行。然而，警方率先發射催淚彈攻擊市民。阿文認為警員是有意識地打算製造混亂，甚至傷害市民。阿文認為這明顯是政府默許下的「國家恐怖主義」，借助武力鎮壓威嚇市民。故此，勇武派的出現是由於制度暴力以及警察暴力沒有得到制衡，反而變本加厲，故市民出於自衛被迫反抗。在阿文眼中，在過去多年香港市民的和平遊行都對政權完全無效，因而被迫不斷升級或更改策略，企圖突破困局。簡而言之，6月起的社會運動及衝突所反映的香港社會問題就是「行政機關失效」與「司法制度崩潰」。除了本港政府無能無權處理許多影響香港本土的事務之外，阿文更直指「一國兩制」有其根本內在矛盾，在香港不能長遠運作。政治及經濟上，中港利益並不一致，香港的發展基於公平競爭、資訊流通，而資訊透明往往會觸動中國的神經，擔心會造成不穩，故有「穩定壓倒一切」之說。香港在過去多年的變化證明了當中港利益不一致時，香港必須「顧全大局」，改變自身以配合國家發展。從實際層面看，這些配合並不是紙上談兵，而是切實影響到個人生活的事情。

有一個事例讓阿文非常感慨。朋友為家中嬰兒添置物品，希望找到嬰兒用品的產品安全資訊，尤其是物料的安全規範。阿文幫忙找尋資料，心想這種資料在歐洲非常容易找到，卻在香港找不到任何相關標準。阿文稱這種情況為政府「不思進取」，沒有與時並進。他指出一個自稱「國際金融中心」的政府連基本產品安全標準都沒有，實在是可笑。阿文認為這些制度問題源於中港兩地

體制差異太大。中共體制較香港落後、不健全，本來應該向香港多學習。但不幸地，現實是香港的制度爲了迎合內地而倒退。阿文估計，可能因爲中共擔心內地會學習香港的民主自由思想，故非但不肯讓香港保留並發展其於九七時已相對完善的制度，更用力各方面打壓，防止自由思想在大陸擴散，威脅共產政權。

「我要真普選」

　　反送中運動6月9日至12月初完成訪問已近半年，阿文認爲運動「沒有終結，除非中共滅亡」。這個乍聽下驚人的想法，原來不是阿文當初的想法。他說，7、8月時曾經看到有評論者指運動將會「以年計算」，當時感到非常誇張。然而，當運動持續，同時政府一直沒有任何有意義的回應，單純採取拖字訣、或是將亂局諉過於示威者，完全無視政府及執法人員一方也有責任，阿文現在認同運動可能會持續多年，現在純粹以時間估計根本不能知道何時完結。運動是否結束，反而視乎許多因素，其中不單牽涉本港事務，甚至與中共存亡相關。阿文興奮地提到「支爆」（支那爆破，亦即中共政權倒台）的可能性。他提到近一年來屢次傳出內地出現非洲豬瘟及鼠疫，再加上其經濟放緩跡象。說阿文「憧憬」支爆也不爲過。阿文也很現實地補充其實支爆在幾年內發生的可能性實在不大。只是在阿文的主觀願望中，支爆出現將會對香港自主地位有利。當然，中國政治不穩會否有利香港自主，恐怕是個實證問題，必須到眞正發生方能驗證，否則都是學術空談。筆者以爲，阿文這種對於政權的深惡痛絕，甚至在朋友間對政府發洩式謾罵，很可能是出於上文所講的制度暴力、政權甚至內地人的壓迫。許多人長久受到壓迫（至少感覺如此），自然會希望有朝一日看到壓迫者得到報應。

　　正面地看，想法類似阿文的港人最終目的是希望消滅制度暴力。而正因爲他們了解到暴力來自制度以及政權，單純要求撤回「送中條例」便會流於治標

不治本。故此，阿文認為這次抗爭者應該吸收雨傘運動的教訓，不應在未有真正雙普選之前貿然停止抗爭。對於阿文來說，政府在普選問題上遲遲未有任何實質行動，唯一的理解是政府根本沒有誠意最終落實普選。所以，這次抗爭一旦退讓，只會重蹈以往「袋住先」（先接受了再說）的覆轍。日後迎來的政治和暴力打壓只會更加猛烈。這場運動根本沒有退讓的餘地，正是抗爭者口號中的「缺一不可」。假如最終不能落實雙真普選（第五項訴求），那即使實現了頭四項，政權還不是可以重新扶植代理人、繼續制度暴力嗎？許多市民親身經歷過警方未有履行自身職責、卻暴力對待市民，「解散／重組警隊」便成了另一個爭取目標。用阿文的原話，抗爭運動的長遠目標是要「消滅中共」，讓香港真正自主。「五大訴求」每一項環環相扣，缺少任何一項都會使消滅中共在港代理人的目標失去意義。

　　筆者進一步問阿文認為怎樣看雙真普選和港獨的關係，兩者到底是先後出現、還是雙真普選已經足以令多數人滿意，不再追求全面獨立。阿文說雙真普選是香港人的「最大公約數」。許多人仍然有著大中華情意結，在阿文看來香港獨立仍然未為大多數人接受。另一方面，即使希望港獨的人也不會反對雙普選，甚至親政府團體也不容易找到理由不支持雙普選。阿文個人則希望香港能夠獨立。他強調香港其實有條件獨立，並非如許多人說這是不切實際的想法。阿文認為香港已有人才和金錢兩個本來最難達成的條件，現在只是中共不肯放權。這樣就不難理解為何阿文會希望中共滅亡，因為只有這樣才能讓香港重新得到自主自決的權力。這個消滅中共的目標，即使是通過「攬炒」方式達致，對阿文也絕對不是問題。在他個人而言，犧牲性命是一個可以考慮的選項。當然，筆者不會以為阿文打算在街上抗爭「送頭」作無謂的犧牲。但是，可以看出阿文並不是信口開河，至少在訪問時，他是打從心裡相信自己願意犧牲自己的性命。

五大訴求以外：2047——香港獨立

上面提到阿文對於香港獨立和雙普選的願景，他認為兩者能夠反映港人的「共同價值觀」。假如這個願景能夠達到，阿文認為香港的國際地位也會提升，甚至比現在更好。筆者覺得不難理解，當港人認為香港得到獨立、雙普選，或者其他形式的自決，對這個城市的前景自然更加樂觀，也會把資源重新聚焦到社會發展。在雨傘運動以至6月至今的反送中運動，公民社會已然成形，許多市民都已覺醒到政治如何直接影響個人。許多評論者亦已指出眾籌登報、外語宣傳等各種抗爭文宣、活動水平極高，正好反映港人一向引以自豪的效率和競爭力。即使是抗爭方式，也曾經有加泰隆利亞、智利等地區借鑒香港抗爭者的手法，可以想像港人的創意及行動力已經得到華人社會以外的群體注意。假如現在的政治紛爭能夠得以解決，香港未來的競爭力除了體現在經濟金融發展，更能夠透過其他「軟實力」的形式得到國際認同。

然而，筆者問及阿文對於香港未來的想像，他的答案卻又非常悲觀。阿文認為到了2047年，香港將會淪為中國某個一線、甚至二線城市，在國際上並沒有特別地位。制度上，廣東省的香港市將會和內地及大灣區全面接軌，包括法規、醫療及教育等等。筆者可以想像，這個結果對於許多香港人來說正正是無力感的來源。不管現在中國的發展有多快速，在法律保障和醫療教育等各方面，港人似乎仍然比較適應本地慣常的系統，並不希望跟隨大陸的做法。當然，這些變化未必在短期內完成。在中期階段的十至二十年內，阿文認為中共政權會加速融合中港、並加強打壓香港的本土文化及意識。這些都可以在近年政府打算推出的各種政策中看出：國民教育、國歌法、取消中學文憑考試粵語聽講部分，每一項政策都針對港人本土認同，旨在強調一國而削弱兩制。在短期之內，阿文又認為香港既有的制度會加速崩壞。外國資本會逐步撤出，人才會出現逃亡潮。表面看來，阿文對港獨的理想和中港融合的現實這兩種看法似乎互相矛盾。6月至今，阿文一直盡自己所能參與運動，希望能夠爭取到五大訴求。即使未能走到前線，也希望盡己所能支援抗爭者。阿文看到的是，年輕

一代為了守護香港，不惜犧牲自己的前途甚至性命。在各種媒體都可以看到，不少年輕人早已豁出去，不惜作任何犧牲。阿文自言，假如有需要的話，自己也不會介意犧牲自己性命。這種樂觀與悲觀的矛盾卻正好反映出對於阿文這類「和理非」來說，香港已經達到一個分岔路口：前面只有兩條截然不同的路，既然不能回頭，只好盡力爭取自己認為正確的道路。

最後，筆者問阿文在五大訴求以外，還有什麼希望。他回應道，2047年實在太遙遠，難以想像香港會變成怎樣。假如真的讓他選擇，最能直接針對問題核心的解決方法，他還是回到「香港獨立」四字。

寧鳴而死，不默而生

（在圓圈內）鳴

我很「著緊」香港

「寧鳴而生，不默而死」是宋朝名臣范仲淹的名句，近年常見於香港的抗爭運動之中。但有一次，她卻在牆上見到有人漆上「寧鳴而死，不默而生」，最初還懷疑是否寫錯了，但認真細味，發現如此表述也饒具意思——不管是生或死，最重要的是生命的選擇：要不平則鳴？還是沉默不言？

她是一位20歲出頭的女生，名字就稱為「鳴」吧！隨著反修例運動的發展，她的角色也一直在調整，從和理非到勇武，從支援到前線，都有其身影。其實，早於2月初，政府提出修訂《逃犯條例》，鳴已關注有關議題，「但我覺得行動上的參與是由5月底開始」。

6月12日曾是全城觸目的日子。這一天，立法會要二讀《條例》。此日之前，反修例運動需要爭取更多市民認識及關心條例的問題。自5月下旬起，鳴便積極投身兩方面的工作，一是與不同組織及人士在各區擺街站；二是發起自己中學的校友及學生聯署，透過上述工作，希望呼籲更多香港人在6月9日出來遊行，明確向政府發出反對修例的聲音。

沒想到，有一次在擺街站時，鳴因遇到一街坊的指罵而哭了。其實，在過去數年，她已有豐富的擺街站經驗，也曾遇到不少反對及指罵。但這一次，其情緒卻被牽動，對方罵她不是香港人！政府宣傳修例是為了將台灣殺人案的疑犯引渡受審，這位街坊直斥反對修例，即是置枉死香港女生不顧。「我覺得很荒謬，我就是『著緊』香港才這樣做。」但對方卻大聲地以假作真，「以為比我兇就是真理。」結果，鳴第一次在街上哭了……「以前如何被人指罵都沒事，這真是第一次在街上流淚」。

　　鳴所作的一切，是因為她很「著緊」香港。不過，她卻坦言，如何努力也無法改變政府。「我本身覺得遊行作用不大，不抱期望。」但即便如此，她仍然相信香港人站出來是重要的，所以要努力地催促遊行，「知其不可為而為之」就是這意思了。沒想到，6月9日當日真的有一百萬人出來！「誰知當晚就告訴你這沒用……摑你一巴掌，那可以怎樣呀？」

怒吼的一代

　　「那可以怎樣呀？」難道就此沉默下去嗎？鳴選擇繼續堅持自己的信念。不僅如此，在這場運動中，她見到很多香港人的改變，完全超出其想像之外。她認識一位親友，在6月前對社會不聞不問，是典型的「港女」，但在6月16日第一次出來遊行後，現在在社交媒體分享的，都是政治新聞。在這些日子以來，「每次好想放棄的時候，香港人就會作好些出奇不意的事，讓你知道可以撐下去」。

　　鳴回想起，她及一些朋友以前曾接觸一些學生，大多表現出對社會漠不關心。「有好多年青人不認識梁天琦，也不知道有關『雨革』（雨傘革命）的事情。」但在這場運動中卻成為「怒吼一代」。那麼，年青人如何成為「怒吼一代」呢？鳴想到美國小說《麥田捕手》（*The Catcher in the Rye*），小說談的是上世紀五十年代美國青少年人的失落。五十年代是「沉默的一代」，只追求

經濟增長，不關心政治，但接下來，美國歷史上便出現了怒吼的一代。她不禁問：這豈不正是香港當下的寫照嗎？「我去年看香港就是這樣。開街站無人理會，把你視作瘋子，直接忽略。有人指罵你還好的，最怕是毫無反應！我覺得『沉默的一代』就是這樣。」5月底的時候，鳴還在想：「我不知道自己現在所作的有否影響力，開街站又是否真的有用。但我好希望我們可以變成怒吼的一代。」沒想到，反修例運動真的催生了怒吼的一代，「真是突然間就好怒吼，我仍未能理解。也許待十年八年後回望便會明白。」

到底，只有20歲出頭的鳴，為何會熱衷於政治？「應該是小學已開始。那時英文及中文的作文，我都是寫有關政治的。」不過，真正的政治啟蒙，原來是六四事件。1989年時仍未出生的她，是在讀中學時認識六四。學校是一所基督教學校，有開放的氛圍，每年六四都有展覽。她在展覽中見到有高年級同學印了一個「血手印」，再看與八九民運及六四屠殺有關的紀錄片，感到十分震撼。自中一開始，她就參加維園燭光晚會，從不間斷。反國教時她讀大專，2014年9月學界罷課，又在中大百萬大道當糾察，到2016年再為立法會選舉助選，後來又反對一地兩檢，反對東大嶼填海……一路走來，她從不是沉默的一代，在這場運動中的積極參與，完全是有跡可尋的。

撕下面具，是制度問題

香港人不僅發出了怒吼，並且抗爭運動一直持續，並沒有冷卻。鳴認為，主要是因為警暴問題。早於6月12日當天，許多「和理非」在金鐘政總附近和平集會，但警察卻大量投擲催淚彈，中信大廈的情況更加可怕。「我身邊有一個和理非到不得了的朋友，是兩個小朋友的母親，六一二後變得好勇武，是非常憤怒，我們參加合法集會，你就射催淚彈！」不僅如此，後來全港十八區都有警暴發生，「你活生生見到有多恐怖，真是像真人展覽般……」

警暴的嚴重性，反映出警權無限大，缺乏制衡。難怪「監管之人，誰人監

管」字句隨處可見。香港人頓然發覺，問題關鍵就是制度。有人說警察只是失控，屬個別事件，但其實「能夠正常或者仍可控制自己的警員才是個別事件。」「可能以前會覺得香港是有自由，有法治的。但現在見到的，開車衝向示威人群，碾斷人雙腳，或亂棍打人，都只是輕判。但在警署外面吐口水卻被判入獄半年！這一切活生生將香港『法治』的面具撕下來，你說真的有法治嗎？」

除了法治危機外，香港人對民主有更深的理解。昔日有人仍相信香港有「民主」，區議會及立法會不是有選舉嗎？但事實上，「其實整個制度根本是沒有（民主），立法會開會時，活生生告訴你是沒有的。即或民選議員真的全部團結，但功能組別完全可以為所欲為。這就是問題所在。」因此，鳴堅信「五大訴求」不能停在撤回，「我們ultimate是要有真普選。真普選才是真正的制度改變。否則即使承諾解散警隊、承諾重組立法會，如果沒有普選，政府也能反口，大家真正明白問題出於制度。」

鳴深深體會到，同樣是要求「我要真普選」，但當前的抗爭運動有別於五年前。「我覺得五年前只是一個口號，五年前大家好不滿人大的八三一框架，不斷地喊：『我要真普選』，但卻缺乏相應行動。甚至有人有相應行動，你就覺得他們在破壞運動。當年好像是有些無為而治地去爭取，但現在大家落手落腳嘗試以行動去推翻現有的問題，口號不再流於口號。」

與死亡的距離很近……

抗爭半年，她扮演著不同的角色。有時化身為十八區「專業街坊」，又以不同方式（物資、金錢）支援前線手足，或到法庭旁聽，聲援被捕者。同時，她又組織律師及醫生來幫助抗爭者，甚至組織「接放學」的車隊，提供「一條龍」服務。現在，她對各種gear的model已經瞭如指掌，甚至對警方的槍械型號也有一定認識，誰會想到才20歲出頭的女生竟曉得這些知識？

不僅如此，嗚也會full gear走上前線。最深刻一次，是11月中「圍魏救趙」救理大時，她在油尖旺一帶，意外地跟防暴警察只有20米左右距離。面對迎面射來的各種「子彈」，她隨手在地上拾起一塊鐵盾牌來保護自己。環顧左右，「左邊有些年青人只拿了一塊圓木板，右邊有一女士只拿著兩把雨傘。」那時防暴不斷射催淚彈，期間嗚張望，見到對方已經手持實彈槍AR-15。她手上的盾牌不斷聽到響聲，天曉得射來的到底是催淚彈還是什麼！又見到手投式的催淚彈在身邊燃燒⋯⋯儼然身處戰地。她見到附近的年青人手持的木板已被射破一個很大的洞。他們說：「破了呀！hold住！都要擋的啦。」另一邊又有人拿著雨傘衝出去抗敵，回來時傘骨已經被催淚彈打斷了。兩個年青人在對話：「好害怕呀，怎麼辦呀？」「你別說啦，我也好害怕呀。」兩位男生的聲音好像只有20歲，嗚的心情十分激動，很想去安慰他們，跟他們說：「我也好害怕呀，但我們一起撐下去吧！」但她卻說不出口，因為自己真的十分害怕，那一刻，「覺得自己與死亡的距離非常接近。」

　　即或如此，但在第二天晚上，嗚再次走上前線。那次防線不斷撤退，她邊退邊在準備物資，但已跟自己的小隊失散了。這時見到一個牛高馬大的抗爭者朝著自己方向走來，下一秒突然就在自己面前昏倒。嗚立即找來急救員，「那一刻我看著他，情緒很激動，我不斷對自己說要冷靜⋯⋯我唯一可以做的，就是繼續做我手上的工作。這樣我才可以保護他們⋯⋯」

　　她也有參與營救理大的被圍困者。在整個營救行動中，她見到香港人發揮了從未有的團結精神，不同專業人士發揮不同角色，研究如何將被困者救出。印象深刻的是，每當成功救了一些人，「一出來他立刻抱緊你，好激動！」

香港人真的變了

　　轉眼間，抗爭運動已經持續半年。嗚相信有人會退下火線來，理大一役後，勇武派有被捕有受傷，但又有和理非升級補上，有人會繼續每日或每周

出來。「我覺得不論警察、政府、中共或香港人都沒有退路。警察一退就會被清算，而香港人也是。雙方都沒有退路，其實我覺得更難預計日後如何發展……」

但是，她看到香港人在抗爭中已徹底改變。「其實最簡單來說，每天發生的『和你lunch』已經『好癲』。為什麼你可以每天lunch time時穿上西裝、套裝出來抗爭，然後又無緣無故地吃上幾粒催淚彈……這已經完全違反了所謂『中環價值』。」過去香港人以為上班是最重要的，但現在，香港人可以一邊上班，一邊抗爭，「真是太厲害了，顛覆了我們一直對香港，還有對香港人的認識。」

鳴曾化身十八區街坊，期間見到不少「真街坊」。他們「晚飯後的活動，就是下樓跟街坊一起走及閒聊，見到防暴時就去『屌狗』（對警員喝倒采或怒罵），香港人好像重拾昔日晚飯後下樓跟街坊閒聊的感覺。」街坊們閒聊的內容，又會觸及政治制度及社會變化。每當有人死了，又激發大家的同理心。「『他才只有幾多歲，他只是剛好不是你家的子女』，大家會更多感受和理解對方的難處。」

鳴對梁凌杰的離世，特別有感觸。「我相信，6月16日那麼多人出來遊行，跟6月15日梁凌杰過身有很大關係。」這完全超出政府的預計，原來有人「願意為政治而死」。後來，抗爭者被捕時，會向記者大喊：「我不會自殺！」但身上又帶著遺書。「香港人真是好諷刺！我不會自殺，但我有遺書。」

「你也有預備遺書嗎？」我問。鳴原來也曾想好遺書的內容，要跟誰說什麼話，但她最後沒有寫出來。「自問自己還未像其他人走那麼前。這也令我覺得很慚愧。因為我的底線就是不要死，所以我儘量不讓自己死。」更重要的是，「你抗爭是求生的──我覺得抱有這種想法，是十分重要的。」

基督徒成為勇武派

鳴也是一位基督徒，從小便參加教會聚會，也熱心教會事奉。那麼，她如何看待基督徒與勇武抗爭者的身分？兩者間是否矛盾及對立？

她憶述有一次在元朗，她全身full gear，black bloc，遇上幾位元朗區的教會信徒，送她一些小禮物，內裡有energy bar、小卡片及其他東西等。「他真的是要派給我的，是要派給black bloc的人。那一刻覺得自己在involve一些暴力事件，好像有跟他們不同的感覺」。

基督教與抗爭真的毫不相干嗎？她想起7月1日前數日在「煲底」集會，當時在司令台上，竟有人唱《Sing Hallelujah to The Lord》。在出發行動前，又有一位牧師領禱。「當下我覺得好很震撼！」身邊有不是基督徒的朋友，原本十分抗拒基督教，也感到很震撼，「究竟從什麼時候開始，抗爭運動前會有一個牧師領禱呢？」她感受到，原來「不論我或左或右，信仰都在場……」鳴也知道不少教會在遊行時都有開放，又有傳道人在抗爭現場。當防暴警察進入天主教堂去拘捕抗爭者時，「我覺得教會在這時代要有自己的使命。」

現在，鳴正計劃與友人成立一間公司，透過盈利來私下繼續支持抗爭，去「support手足」。她同時也沒有忘記被捕的抗爭者，希望以更多行動來表達對他們的關心。她希望教會的牧者可以更多探訪被囚的手足。

信仰的struggle

毋庸置疑，參與前線勇武抗爭也在衝擊她的信仰。當她black bloc時、製作各種物資、或者拿起磚頭時，都會想及甚至有所猶豫，「因為彷彿基督徒是不應該傷害別人，或做一些傷害別人的事……」「但我知道如果在前線有猶豫，會危害到身邊的隊友。」她想起8月11日那晚，那位被布袋彈打盲了右眼的女救護員，原來只距離她一百米左右。當時大家在撤離，女救護員就在隊

尾。「我知道如果有猶豫，敵人是不會手下留情的。」無疑，基督教教導要愛仇敵，但當她在喊「黑警死全家」時，眞的十分痛快。「我眞的覺得如果他們『死全家』，我眞的會好開心。但我要學懂接受我人性的一面就是這樣。我也不知道……」

「我覺得基督徒的行動並沒有絕對，說我絕對不能傷害任何人，因爲我現在是在保護身邊的人……這個struggle有時會在我腦袋出現。」有一次，鳴感受很深，她要負責教會帶領敬拜，但「在帶敬拜前數天我的朋友被拘捕，或全身受傷。然後第二日我要帶敬拜！！」

但後來，她讀到一段馬加比戰爭（Maccabean Revolt）的歷史，在掙扎之間令她略有釋懷。經歷了漫長的亡國歲月後，以色列人在公元前167年發動戰爭，一度短暫光復耶路撒冷，並且修建聖殿。猶太人的「光明節」（Hanukkah）就是爲了記念此事。「我的理解是，上帝也承認馬加比這段歷史……我覺得這一刻你做的事未必符合一些絕對眞理原則，但上帝也不一定不喜悅……」

香港未來，「獨立」的想像……

展望2047年，對香港未來的想像如何？「那很簡單，我是港獨派。我就是想香港獨立。」她毫不猶疑地作答。

她主要循「香港民族」的方向來思考：到底什麼是「香港人」？她不會將新移民排斥在外，這不是由出生地來決定，即或有人持有香港身分證，也不足以構成香港人的民族意識。「我說的不是state的獨立，而是national。」「我覺得這場運動最大的contribution是建立香港人的民族意識。」一直以來，香港人都缺乏身分認同，中小學的歷史科，只是教授中國歷史或西方歷史，而沒有香港歷史，或只是一句「香港由漁村發展到今日」便匆匆帶過。「但香港本身其實有很多自己的獨特性，很多自己的歷史是十分值得我們去鑽研的。」

不僅是歷史，民族意識也需要有共同的經歷來凝聚與建構。鳴十分認同7月1日抗爭者梁繼平接受訪問時提及「香港人現在最大的共同經歷是痛苦，正是痛苦將許多不同背景的香港人連結在一起」。香港人不要再被局限成「中國香港人」或是「香港中國人」，唯有先確立香港人的獨特身分，才可以去討論及思考香港該何去何從。

提及「獨立」，一定有人馬上反對，說香港不能沒有中國，因為食水、糧食都是靠中國。鳴反問，「但我們是真金白銀用錢購買的，你不是因為我們是中國的一部分所以給我的，中國並無沒有優惠我們⋯⋯」她深信，香港人要學習從香港本位出發來思考問題，例如每年用46億買東江水（還不要說水質問題），但香港海水化淡廠的成本也只是40億。香港本位的規劃，就是不要依賴別人。唯有先確立香港民族意識，才能開始本位思考，「最終就可以達致獨立」。

香港獨立是不可能的⋯⋯這是最多人的回應。「我並不是說香港立即獨立，但如果這方向是正確的，就應該想辦法去達成，而不是說『不可能』便作罷。正如『建設民主中國』我也覺得不可能，但你們又講了三十多年？所以我覺得不是獨立有沒有時間表，那麼『建設民主中國』有沒有時間表呢？你不可能去打斷別人的可能性。只要你覺得對的，便要用政策去推動及配合。」

「那六四不是你的政治啟蒙嗎？何時開始想跟中國劃清界線？」鳴坦言，自己本來是「中了『大中華情花毒』那種人」，與港獨沾不上邊。但在2016年為立法會助選，後來目睹梁仲恆及游蕙禎被DQ，「我開始意識到『中港』⋯⋯其實我們應該用『港中』：香港與中國，是要區隔的。」這種區隔不是「鎖國」或斷絕往來，而是要防範「人口清洗的政策」。2016年底的DQ事件，「覺得很有敲鐘的感覺，便開始有（港獨）這想法了。」

香港價值

　　那麼，香港人的身分背後，又有什麼核心價值？鳴直接指出：民主及自由。首先，民主不僅是選舉，是check and balance，政府需要接受監管及制衡，這樣犯錯才能問責。至於自由，涉及了各種基本公民權利，如結社自由、出入境自由、出版自由、言論自由等等。「為何近年最感受到自由收窄，就是連『港獨』都不能講。」此外，在抗爭運動中，集會自由也有明顯的收緊。

　　鳴承認，民主與自由不是靈丹妙藥，也可能會出現一些不理想的情況。即使如此，「但都寧願有民主同自由。因為即便是不好的結果，也是大家一起選擇的，可以一起去承擔，而不是被迫接受。香港的公帑該如何運用，教育制度、城市規劃，在有民主自由的地方便可以有較好的操作。」

　　她分享了一首由中國詩人沈浩波寫的新詩，題為《甲由》：

　　　你們在罵那些孩子

　　　撐起雨傘阻擋催淚彈的孩子：「甲由」

　　　你們在罵那些學生

　　　戴著口罩在硝煙中奔跑的孩子：「甲由」

　　　你們在罵那些青年

　　　穿著黑衣在街頭流血的青年：「甲由」

　　　我是一個大陸人

　　　不認識「甲由」這個詞

　　　我覺得它長得很像另一個詞

　　　一個值得用一生去追求的詞——「自由」

　　也許在防暴警察眼中，她只是毫不起眼的「甲由」。但她很清楚知道自己是誰，在做什麼，以及為何這樣做。

　　2047年的香港，會是如何？我們沒有人能夠預知。但這並不代表，香港人

要放棄自己的現在。2047年，鳴會是50多歲，她正為自己的現在，也為她所愛的香港的未來而努力。

為了追求自由，為了她所「著緊」的香港，她選擇成為「捕手」，要守望這個城市。為了這片土地的現在及未來，她的生命義無反顧地投入抗爭運動之中。儘管面對日益嚴峻的時局，紅線處處，無所不在的政治打壓，無處不在的暴力及恐懼，甚至死亡的距離曾經很近，但她寧要怒吼，不願沉默。到底是「寧鳴而生，不默而死」，還是「寧鳴而死，不默而生」，其實已不重要。她的生命已經作出選擇……

她是一位20歲出頭的女生，「鳴」不是她的名字，「鳴」是她的生命。

本書（第二冊）訪問學者如下，特此感謝：

（*依姓名首字筆劃為序）

Dr. Chan Chi Ming Victor

Dr. Charles Lam

Ms. Connie Ko

Ms. Giselle Cheung

Mr. Jimmy Cheung

Dr. Melody K. W. Leung

Dr. Nerissa Ho

Prof. Wong Mei Ching Mooly

王惠玲博士

邢福增教授

朱耀光博士

余柏康博士

李紫楓女士

林榮鈞博士

陳仁川博士

高君慧博士

陳國榮先生

陳源章博士

梁永宜先生

劉家麟博士

劉曉鳴女士

戴綺文女士

嚴德良先生

國家圖書館出版品預行編目

Stakeholders in 2047：香港未來說明書 /
「Stakeholders in 2047: 香港未來說明書」團隊
編. -- 一版. -- 臺北市：新銳文創, 2020.06-
　　冊；　公分
　　BOD版
　　ISBN 978-957-8924-98-7(第2冊：平裝)

　1. 社會運動　2. 政治運動　3. 香港特別行政區

541.45　　　　　　　　　　　　　　109006613

PF0263

新銳文創
INDEPENDENT & UNIQUE

Stakeholders in 2047：
香港未來說明書（第2冊）

編　者	「Stakeholders in 2047：香港未來說明書」團隊
出版策劃	新銳文創
印　刷	秀威資訊科技股份有限公司
	114 台北市內湖區瑞光路76巷65號1樓
	電話：+886-2-2796-3638　傳真：+886-2-2796-1377
	服務信箱：service@showwe.com.tw
	http://www.showwe.com.tw
發　行	圖書部
	電話：+886-2-2518-0207
	信箱：bod_division@showwe.com.tw
	傳真：+886-2-2518-0778
	https://store.showwe.tw
出版日期	2020年6月　BOD一版
定　價	350元

讀者回函卡

感謝您購買本書，為提升服務品質，請填妥以下資料，將讀者回函卡直接寄回或傳真本公司，收到您的寶貴意見後，我們會收藏記錄及檢討，謝謝！如您需要了解本公司最新出版書目、購書優惠或企劃活動，歡迎您上網查詢或下載相關資料：http:// www.showwe.com.tw

您購買的書名：＿＿＿＿＿＿＿＿＿＿＿＿＿＿＿＿＿＿＿＿＿＿

出生日期：＿＿＿＿＿年＿＿＿＿＿月＿＿＿＿日

學歷：□高中 (含) 以下　　□大專　　□研究所 (含) 以上

職業：□製造業　□金融業　□資訊業　□軍警　□傳播業　□自由業
　　　□服務業　□公務員　□教職　　□學生　□家管　　□其它＿＿＿

購書地點：□網路書店　□實體書店　□書展　□郵購　□贈閱　□其他

您從何得知本書的消息？

　□網路書店　□實體書店　□網路搜尋　□電子報　□書訊　□雜誌

　□傳播媒體　□親友推薦　□網站推薦　□部落格　□其他＿＿＿＿＿

您對本書的評價：（請填代號　1.非常滿意　2.滿意　3.尚可　4.再改進）

　封面設計＿＿＿　版面編排＿＿＿　內容＿＿＿　文／譯筆＿＿＿　價格＿＿＿

讀完書後您覺得：

　□很有收穫　□有收穫　□收穫不多　□沒收穫

對我們的建議：＿＿＿＿＿＿＿＿＿＿＿＿＿＿＿＿＿＿＿＿＿＿

＿＿＿＿＿＿＿＿＿＿＿＿＿＿＿＿＿＿＿＿＿＿＿＿＿＿＿＿＿＿

＿＿＿＿＿＿＿＿＿＿＿＿＿＿＿＿＿＿＿＿＿＿＿＿＿＿＿＿＿＿

＿＿＿＿＿＿＿＿＿＿＿＿＿＿＿＿＿＿＿＿＿＿＿＿＿＿＿＿＿＿

11466
台北市內湖區瑞光路 76 巷 65 號 1 樓

秀威資訊科技股份有限公司　　　收
BOD 數位出版事業部

....

（請沿線對折寄回，謝謝！）

姓　　名：＿＿＿＿＿＿＿＿＿　年齡：＿＿＿＿＿　性別：□女　□男

郵遞區號：□□□□□

地　　址：＿＿＿＿＿＿＿＿＿＿＿＿＿＿＿＿＿＿＿＿＿

聯絡電話：(日)＿＿＿＿＿＿＿＿＿　(夜)＿＿＿＿＿＿＿＿＿＿

E-mail：＿＿＿＿＿＿＿＿＿＿＿＿＿＿＿＿＿＿＿＿＿